DIE ULTIMATIVEN THUNFISCH SALATE

Verfeinern Sie Ihren Geschmack mit 100 außergewöhnlichen Thunfischsalat-Kreationen

Karoline Voigt

Urheberrechtliches Material ©2024

Alle Rechte vorbehalten

Kein Teil dieses Buches darf ohne die entsprechende schriftliche Zustimmung des Herausgebers und Urheberrechtsinhabers in irgendeiner Form oder auf irgendeine Weise verwendet oder übertragen werden, mit Ausnahme von kurzen Zitaten, die in einer Rezension verwendet werden. Dieses Buch sollte nicht als Ersatz für medizinische, rechtliche oder andere professionelle Beratung betrachtet werden.

INHALTSVERZEICHNIS

INHALTSVERZEICHNIS 3
EINFÜHRUNG 6
THUNFISCH-SALAT-HÄPPCHEN UND SANDWICHES 7
   1. Sonnengetrocknetem Tomaten-Thunfisch-Salat 8
   2. Thunfischsalat auf Crackern 10
   3. Thunfischsalat-Sandwiches mit Gurke 12
   4. Avocado-Thunfisch-Salat in Mini-Pita-Taschen 15
   5. Thunfischsalat-Salat-Wraps 17
   6. Rauchiger Kichererbsen-Thunfischsalat 19
   7. Schmeckt wie Thunfischsalat-Sandwiches 21
   8. Thunfischsalatboote 23
   9. Thunfisch-Oliven-Salat-Sandwich 25
   10. Muschelsalat mit Thunfisch 27
THUNFISCH-SALATSCHALEN 29
   11. Thunfisch- Sushi-Schüssel mit Mango 30
   12. Kaisen (frisches Sashimi auf einer Schüssel Reis) 32
   13. Thunfisch mit Avocado-Sushi-Schüssel 34
   14. Würzige Thunfisch -Sushi-Schüssel 37
   15. Dekonstruierte würzige Thunfisch-Sushi-Schüssel 39
   16. Gebratener Thunfisch -Sushi-Bowls 41
   17. Würzige Thunfisch-Rettich -Sushi-Schüssel 43
   18. Thunfisch- und Wassermelonen -Sushi-Schüssel 45
AHI-THUNFISCH-SALATE 47
   19. Ahi-Thunfischsalat 48
   20. Ahi-Thunfisch-Tataki-Salat mit Zitronen-Wasabi-Dressing 50
   21. Herrlich geschichteter Thunfischsalat 52
BLAUER THUNFISCH-SALAT 54
   22. Gebratener Blauflossen-Thunfisch-Salat Niçoise 55
   23. Roter Thunfisch mit Oliven und Koriander-Relish 58
   24. Mediterraner Blauflossen-Thunfisch-Salat 60
THUNFISCH-STEAK-SALAT 62
   25. Dekonstruierter Nicoise-Salat 63
   26. Thunfisch- und weißer Bohnensalat 65
   27. Gegrillter Estragon-Thunfisch-Salat 68
   28. Gegrillter Thunfisch-Nicoise-Salat 70
   29. Blattsalat und gegrillter Thunfischsalat 72
   30. Gepfefferte Thunfischsteaks mit koreanischem Salat 74
   31. Gebratener frischer Thunfischsalat 76
ALBACORE-THUNFISCH-SALATE IN DER DOSE 79
   32. Albacore-Bananen-Ananas-Salat 80

33. ALBACORE-NUDELSALAT 82
34. THUNFISCH-NUDELSALAT 84
35. CHOW MEIN THUNFISCHSALAT 86
36. MOSTACCIOLI-SALAT NICOISE 88
37. RINGNUDEL- UND PIMENT-THUNFISCHSALAT 90
38. THUNFISCHSALAT AUFSCHLAGEN 92
39. MAKKARONI-THUNFISCHSALAT 94
40. NACKTER SCHNEEERBSEN-THUNFISCHSALAT 96
41. NEPTUNSALAT 98
42. CREMIGER PAPRIKA-TOMATEN-THUNFISCH-SALAT 100
43. OLIO DI OLIVA THUNFISCHSALAT 102
44. THUNFISCH-TORTELLINI-SALAT 104
45. UPTOWN THUNFISCHSALAT 106

ANDERE THUNFISCH-SALATE IN DOSEN 108
46. SALAT AUS SONNENGETROCKNETEN TOMATEN UND THUNFISCH 109
47. ITALIENISCHER THUNFISCHSALAT 111
48. ASIATISCHER THUNFISCHSALAT 113
49. RÖMISCHER THUNFISCHSALAT 115
50. LOW-CARB- VORSPEISEN -THUNFISCHSALAT 117
51. THUNFISCHSALAT-MAHLZEITZUBEREITUNG 119
52. KIWI- UND THUNFISCHSALAT 121
53. ANTIPASTI-THUNFISCHSALAT 123
54. ARTISCHOCKEN-THUNFISCHSALAT MIT REIFEN OLIVEN 125
55. RING-MAKKARONI-THUNFISCH-SALAT 127
56. AVOCADOSALAT MIT THUNFISCH 129
57. BARCELONA-REIS-THUNFISCH-SALAT 131
58. KALTER THUNFISCH-NUDELSALAT MIT BOWTIE MAC 133
59. THUNFISCHSALAT MIT SCHWARZEN BOHNEN 135
60. BRAUNER REIS- UND THUNFISCHSALAT 137
61. KICHERERBSEN-THUNFISCH-SALAT 139
62. GEHACKTER SALAT MIT THUNFISCH 141
63. KLASSISCHER SALAT NICOISE MIT THUNFISCH 143
64. COUSCOUS-KICHERERBSEN-THUNFISCH-SALAT 145
65. THUNFISCH-, ANANAS- UND MANDARINENSALAT 147
66. FRISCHER THUNFISCH-OLIVEN-SALAT 149
67. THUNFISCH-AVOCADO-PILZ-MANGO-SALAT 152
68. GRIECHISCHER RÜBEN-KARTOFFEL-SALAT 154
69. THUNFISCHSALAT NACH GRIECHISCHER ART 156
70. MAKKARONISALAT NACH HAWAIIANISCHER ART 158
71. GESUNDER BROKKOLI-THUNFISCH-SALAT 160
72. GEMISCHTER BOHNEN-THUNFISCH-SALAT 162
73. ITALIENISCHE ANTIPASTI-SALATSCHÜSSEL 164
74. JAPANISCHER THUNFISCH-HARUSUME-SALAT 166
75. THUNFISCH-SARDELLEN-SALAT NICOISE 168

76. Übrig gebliebener Mac-Salat zum Thunfisch-Mittagessen 170
77. Gekochter Eier-Thunfisch-Salat 172
78. Mediterraner Thunfisch-Antipasti-Salat 174
79. Mittelmeer-Thunfisch-Salat 176
80. Geladener Nicoise-Salat 178
81. Apfel-, Cranberry- und Eier-Thunfischsalat 180
82. Nudelsalat mit gegrilltem Thunfisch und Tomaten 182
83. Penne-Salat mit drei Kräutern, Kapern und Thunfisch 185
84. Bohnen-, brauner Reis- und Thunfischsalat 187
85. Kartoffelsalat mit Thunfisch 189
86. Altmodischer Thunfischsalat 191
87. Risotto-Reissalat mit Artischocken, Erbsen und Thunfisch 193
88. Süßer und nussiger Thunfischsalat 195
89. Thunfisch-Mac-Salat 197
90. Scharfer und herber Thunfischsalat 199
91. Fettarmer italienischer Thunfischsalat 201
92. Thunfisch-Spinat-Salat 203
93. Thunfisch-Pfeffer-Nudelsalat 205
94. Thunfisch-Apfel-Salat 207
95. Thunfisch-Avocado-Nudelsalat mit 4 Bohnen 209
96. Thunfisch-Orzo-Salat 211
97. Thunfisch-Tomaten-Avocado-Salat 213
98. Thunfisch-Waldorfsalat mit Apfel 215
99. Thunfisch-Kichererbsen-Salat mit Pesto 217
100. Ziti-Thunfischsalat 219

ABSCHLUSS 221

EINFÜHRUNG

Willkommen bei „DIE ULTIMATIVEN THUNFISCH SALATE", einer Zusammenstellung von 100 außergewöhnlichen Kreationen, die Ihren Geschmack verfeinern und den klassischen Thunfischsalat neu definieren sollen. Dieses Kochbuch ist Ihr Leitfaden zur Erkundung der Vielseitigkeit, Aromen und Kreativität, die in dieses beliebte Gericht einfließen können. Begleiten Sie uns auf eine kulinarische Reise, die über das Gewöhnliche hinausgeht und Thunfischsalat zu einem außergewöhnlichen und genussvollen Erlebnis macht.

Stellen Sie sich eine Welt vor, in der Thunfischsalat zur Leinwand kulinarischer Kunst wird und Ihnen eine Vielfalt an Zutaten, Texturen und Geschmacksrichtungen zur Verfügung steht. „The Ultimate Thunfischsalate" ist nicht nur eine Rezeptsammlung; Es ist eine Erkundung der Möglichkeiten, die sich ergeben, wenn man hochwertigen Thunfisch mit innovativen Zutaten kombiniert. Ganz gleich, ob Sie ein Liebhaber von Thunfischsalat sind oder dieses klassische Gericht neu interpretieren möchten: Diese Rezepte sollen Ihre Kreativität anregen und Ihre kulinarischen Gelüste stillen.

Von pikanten mediterranen Variationen bis hin zu asiatisch inspirierten Köstlichkeiten und von herzhaften proteinreichen Bowls bis hin zu erfrischenden Sommersensationen – jedes Rezept ist eine Hommage an die vielfältigen Möglichkeiten, Thunfischsalat neu zu erfinden. Egal, ob Sie ein leichtes Mittagessen, ein reichhaltiges Abendessen planen oder einfach nur einen sättigenden Snack suchen, dieses Kochbuch ist Ihre Anlaufstelle, um Thunfischsalat auf ein neues Niveau zu bringen.

Seien Sie dabei, wenn wir die Grenzen des Thunfischsalats neu definieren, wobei jede Kreation ein Beweis für die endlosen Möglichkeiten und köstlichen Kombinationen ist, die Sie in Ihrer Küche erwarten. Also, sammeln Sie Ihr Frisches Sie Ihrer Kreativität freien Lauf und begeben Sie sich auf ein kulinarisches Abenteuer mit „Die ultimativen Thunfischsalate".

Thunfisch-Salat-Häppchen und Sandwiches

1.sonnengetrocknetem Tomaten-Thunfisch-Salat

ZUTATEN:
- 2 Scheiben Brot
- 1 Dose Thunfisch, abgetropft
- 2 EL gehackte sonnengetrocknete Tomaten
- 1 EL Mayonnaise
- 1 TL Dijon-Senf
- Salz und Pfeffer nach Geschmack

ANWEISUNGEN:
a) Thunfisch, Mayonnaise, Dijon-Senf, Salz und Pfeffer in einer kleinen Schüssel vermischen.
b) Legen Sie sonnengetrocknete Tomaten auf eine Brotscheibe.
c) Die Thunfischmischung auf den sonnengetrockneten Tomaten verteilen.
d) Mit der zweiten Brotscheibe belegen.

2. Thunfischsalat auf Crackern

ZUTATEN:
- 7 Unzen Dose Thunfisch
- 3 Esslöffel Rapsöl
- ¼ Tasse Wasserkastanien, gehackt
- 1 1/2 Esslöffel rote Zwiebel, fein gehackt
- 1/2 Teelöffel Zitronenpfeffer
- 1/4 Teelöffel getrocknetes Dillkraut
- 16 Cracker
- 2 grüne Blattsalatblätter, zerrissen
- Frischer Dill zum Garnieren

ANWEISUNGEN:
a) Den Thunfisch in eine Rührschüssel geben und in Stücke der gewünschten Größe zerstampfen.

b) Mayonnaise, Kastanien, Zwiebeln, Zitronenpfeffer und Dill hinzufügen und vermischen, bis alles gut vermischt ist.

c) Auf jeden Cracker ein Stück zerrissenen Salat legen und mit 1 Esslöffel Thunfischsalat belegen.

d) Nach Belieben mit einem Stück frischem Dillkraut garnieren. Aufschlag.

3.Thunfischsalat-Sandwiches mit Gurke

ZUTATEN:
- 2 lange, englische Gurken
- 1 Esslöffel Rotweinessig
- 1/4 Naturjoghurt
- 1/4 gehackter Dill
- 1/4 der Sellerieblätter
- 1 Esslöffel natives Olivenöl extra
- Koscheres Salz
- Frisch gemahlener schwarzer Pfeffer
- 2 geschnittene Frühlingszwiebeln
- 2 Esslöffel Mayonnaise
- 1 Stange geschnittener Sellerie
- 1/2 Teelöffel Zitronenschale
- 2 5-Unzen-Dosen heller Thunfisch, abgetropft
- 1/2 Tasse Luzernensprossen

ANWEISUNGEN:
a) Bereiten Sie die Gurken vor. Für die Zubereitung der Gurken, die anstelle des Brotes für dieses Thunfischsandwich verwendet werden, haben Sie zwei Möglichkeiten. Wenn Sie Vorspeisen-Sandwiches zubereiten, sollten Sie die Gurke einfach schälen und dann horizontal in Viertel-Zoll-Scheiben schneiden. Mit dieser Option erhalten Sie eine größere Anzahl kleinerer Thunfischsandwiches. Wenn Sie alternativ ein Thunfischsandwich im Sub-Stil zubereiten möchten, können Sie die Gurken der Länge nach halbieren. Dann die Kerne und das Fruchtfleisch herauslöffeln und daraus kleine Schiffchen formen, in die Sie die Thunfischmischung geben. Mit einer Gabel etwas in das Innere einstechen, damit die Gurke mehr Geschmack aufnimmt.

b) Vinaigrette vermischen. In einer mittelgroßen Schüssel Senf, Essig, Salz und schwarzen Pfeffer verquirlen. Dann das Olivenöl langsam unterrühren. Zum Schluss die Vinaigrette über die Gurke gießen.

c) Machen Sie die Thunfischfüllung. Beginnen Sie damit, den Thunfisch abzutropfen. Spülen Sie es gut mit kaltem Wasser ab und legen Sie es dann beiseite. In einer kleinen Schüssel Mayonnaise, Joghurt, Dill, Sellerieblätter, Frühlingszwiebeln, Sellerie, Zitronenschale, einen viertel Teelöffel Salz und eine Prise schwarzen

Pfeffer verquirlen. Geben Sie den Thunfisch in die Schüssel und vermischen Sie alle Zutaten .

d) Stellen Sie die Sandwiches zusammen. Wenn Sie die Vorspeisenvariante zubereiten, geben Sie auf jede Gurkenscheibe einen Klecks Thunfischmischung und dann ein paar Sprossen.

e) Legen Sie dann eine weitere Scheibe darauf, um ein süßes kleines Sandwich zu erhalten.

f) Wenn Sie das Thunfischsandwich im Sub-Stil zubereiten, füllen Sie die Gurkenschiffchen mit der Thunfischmischung und fügen Sie dann die Sprossen hinzu. Die andere Hälfte der Gurke darüber geben. Essen und genießen!

4. Avocado-Thunfisch-Salat in Mini-Pita-Taschen

ZUTATEN:
- 1 Dose Thunfisch, abgetropft
- 1 reife Avocado, zerdrückt
- ¼ Tasse gewürfelter Sellerie
- ¼ Tasse gewürfelte rote Zwiebel
- 1 Esslöffel Zitronensaft
- Salz und Pfeffer nach Geschmack
- Mini-Pita-Taschen

ANWEISUNGEN:

a) In einer Schüssel Thunfisch, zerdrückte Avocado, gewürfelten Sellerie, gewürfelte rote Zwiebeln, Zitronensaft, Salz und Pfeffer vermischen.

b) Gut vermischen, bis alle Zutaten gleichmäßig eingearbeitet sind.

c) Schneiden Sie die Mini-Pita-Taschen in zwei Hälften, sodass Taschen entstehen.

d) Den Avocado-Thunfisch-Salat in die Mini-Pita-Taschen füllen.

e) Verpacken Sie den Avocado-Thunfisch-Salat in Mini-Pita-Taschen in einer Lunchbox.

5.Thunfischsalat-Salat-Wraps

ZUTATEN:
- 2 Dosen Thunfisch, abgetropft
- ¼ Tasse paläofreundliche Mayonnaise
- 2 Esslöffel gehackter Sellerie
- 2 Esslöffel gehackte rote Zwiebel
- 2 Teelöffel Dijon-Senf
- Salz und Pfeffer nach Geschmack
- Große Salatblätter (z. B. Eisberg- oder Römersalat)

ANWEISUNGEN:

a) In einer Schüssel den abgetropften Thunfisch, die paläofreundliche Mayonnaise, den gehackten Sellerie, die gehackten roten Zwiebeln und den Dijon-Senf vermischen.

b) Gut vermischen und mit Salz und Pfeffer abschmecken.

c) Die Salatblätter als Wraps auslegen.

d) Füllen Sie jedes Blatt mit der Thunfischsalatmischung.

e) Rollen Sie die Salatblätter auf, um Ihre Wraps zuzubereiten.

6.Rauchiger Kichererbsen-Thunfischsalat

ZUTATEN:
KICHERERBSEN-THUNFISCH:
- 15 Unzen. gekochte Kichererbsen aus der Dose oder anders
- 2-3 Esslöffel milchfreier Naturjoghurt oder vegane Mayonnaise
- 2 Teelöffel Dijon-Senf
- 1/2 Teelöffel gemahlener Kreuzkümmel
- 1/2 Teelöffel geräuchertes Paprikapulver
- 1 Esslöffel frischer Zitronensaft
- 1 Selleriestange gewürfelt
- 2 Frühlingszwiebeln gehackt
- Meersalz nach Geschmack

SANDWICH-MONTAGE:
- 4 Stück Roggenbrot oder gekeimtes Weizenbrot
- 1 Tasse Säuglingsspinat
- 1 Avocado in Scheiben oder Würfel geschnitten
- Salz + Pfeffer

ANWEISUNGEN:
a) Bereiten Sie den Kichererbsen-Thunfisch-Salat vor

b) Zerkleinern Sie die Kichererbsen in einer Küchenmaschine, bis sie eine grobe, krümelige Konsistenz haben. Die Kichererbsen in eine mittelgroße Schüssel geben und die restlichen Zutaten dazugeben und gut verrühren. Mit reichlich Meersalz nach eigenem Geschmack würzen.

c) Machen Sie Ihr Sandwich

d) Den Babyspinat auf jede Brotscheibe schichten; Fügen Sie mehrere Häufchen Kichererbsen-Thunfischsalat hinzu und verteilen Sie ihn gleichmäßig. Mit Avocadoscheiben, ein paar Körnern Meersalz und frisch gemahlenem Pfeffer belegen.

7. Schmeckt wie Thunfischsalat-Sandwiches

ZUTATEN:
- 1 1/2 Tassen gekocht oder 1 (15,5 Unzen) Dose Kichererbsen, abgetropft und abgespült
- 2 Sellerierippen, gehackt
- 1/4 Tasse gehackte Zwiebel
- 1 Teelöffel Kapern, abgetropft und gehackt
- 1 Tasse vegane Mayonnaise
- 2 Teelöffel frischer Zitronensaft
- 1 Teelöffel Dijon-Senf
- 1 Teelöffel Seetangpulver
- 4 Salatblätter
- 4 Scheiben reife Tomate
- Salz und Pfeffer
- Brot

ANWEISUNGEN:
a) In einer mittelgroßen Schüssel die Kichererbsen grob zerdrücken. Sellerie, Zwiebel, Kapern, 1/2 Tasse Mayonnaise, Zitronensaft, Senf und Seetangpulver hinzufügen. Mit Salz und Pfeffer abschmecken. Mischen, bis alles gut vermischt ist. Abdecken und mindestens 30 Minuten im Kühlschrank lagern, damit sich die Aromen vermischen können.

b) Wenn Sie zum Servieren bereit sind, verteilen Sie die restliche 1/4 Tasse Mayonnaise auf einer Seite jeder Brotscheibe. Salat und Tomate auf 4 Brotscheiben schichten und die Kichererbsenmischung gleichmäßig darauf verteilen. Jedes Sandwich mit der restlichen Brotscheibe belegen, mit der Mayonnaise-Seite nach unten, halbieren und servieren.

8. Thunfischsalatboote

ZUTATEN:
- 6 ganze kleine Dillgurken oder 2 große, ganze Gurken
- 5 Unzen. Stück weißen Thunfisch
- ¼ Tasse Mayonnaise
- ¼ Tasse gewürfelte rote Zwiebel
- 1 Teelöffel Zucker oder Honig

ANWEISUNGEN:
a) Ganze Gurken der Länge nach von einem Ende zum anderen halbieren. Schneiden oder schaben Sie mit einem Löffel oder Schälmesser die Innenseite jeder Seite der Gurke aus, um mit der restlichen Gurkenschale eine Bootsform zu bilden.
b) Das ausgekratzte Innere zerkleinern und in eine Rührschüssel geben. Mit einem Papiertuch überschüssigen Saft aus den Gurkenschiffchen und den gehackten Innenstücken aufsaugen.
c) Den Thunfisch gründlich abtropfen lassen und in die Schüssel geben. Drücken Sie mit einer Gabel, um große Stücke zu zerkleinern. Fügen Sie Mayonnaise, rote Zwiebeln, gehackte Gurken und Zucker oder Honig (optional) hinzu und vermischen Sie alles gut, um den Thunfischsalat zu erhalten.
d) Thunfischsalat in jedes Gurkenschiffchen geben. Kühl stellen und servieren oder sofort servieren.

9.Thunfisch-Oliven-Salat-Sandwich

ZUTATEN:
FÜR THUNFISCHSALAT:
- 1/4 Tasse Mayonnaise
- 2 Esslöffel frischer Zitronensaft
- 2 (6-oz) Dosen heller Thunfisch, verpackt in Olivenöl, abgetropft
- 1/2 Tasse gehackte, abgetropfte, geröstete rote Paprika in Flaschen
- 10 Kalamata-Oliven oder andere in Salzlake eingelegte schwarze Oliven, entkernt und der Länge nach in Streifen geschnitten
- 1 große Sellerierippe, gehackt
- 2 Esslöffel fein gehackte rote Zwiebel
- Pepperoncini-Paprika (abgetropft und grob gehackt) – optional

FÜR SANDWICH:
- 1 (20 bis 24 Zoll) Baguette
- 2 Esslöffel Olivenöl
- Grüner Blattsalat (Ihr Favorit)

ANWEISUNGEN:
THUNFISCHSALAT ZUBEREITEN:
a) Mayonnaise und Zitronensaft in einer großen Schüssel verrühren.
b) Die restlichen Salatzutaten hinzufügen und vorsichtig verrühren. Mit Salz und Pfeffer würzen.

SANDWICHES ZUSAMMENBAUEN:
c) Baguette in 4 gleich lange Stücke schneiden und jedes Stück waagerecht halbieren.
d) Die Schnittflächen mit Öl bestreichen und mit Salz und Pfeffer würzen.
e) Machen Sie Sandwiches mit Baguette, Salat und Thunfischsalat.

10. Muschelsalat mit Thunfisch

ZUTATEN:
- 8 Unzen Muschelmakkaroni, ungekocht
- 1 Tasse geraspelte Karotte
- 3/4 Tasse gewürfelter grüner Pfeffer
- 2/3 Tasse geschnittener Sellerie
- 1/2 Tasse gehackte Frühlingszwiebeln
- 1 6 1/8 Unzen Dose Thunfisch in Wasser, abgetropft und in Flocken geschnitten
- 1/4 Tasse plus 2 Esslöffel fettarmer Naturjoghurt
- 1/4 Tasse kalorienreduzierte Mayonnaise
- 1/4 Teelöffel Selleriesamen
- 1/4 Teelöffel Salz
- 1/4 Teelöffel Pfeffer
- Lockiger Blattsalat

ANWEISUNGEN:
a) Makkaroni nach Packungsanleitung kochen, dabei Salz und Fett weglassen; Abfluss. Mit kaltem Wasser abspülen und gut abtropfen lassen.
b) Makkaroni, Karotte und die nächsten 4 Zutaten vermischen; vorsichtig umrühren.
c) Joghurt und die nächsten 4 Zutaten vermischen; gut umrühren. Zur Nudelmischung hinzufügen und vorsichtig umrühren. Abdecken und gründlich abkühlen lassen.
d) Zum Servieren die Nudelmischung auf mit Salat ausgelegten Salattellern verteilen.

THUNFISCH-SALATSCHALEN

11. Thunfisch- Sushi-Schüssel mit Mango

ZUTATEN:
- 60 ml Sojasauce (¼ Tasse + 2 Esslöffel)
- 30 ml Pflanzenöl (2 Esslöffel)
- 15 ml Sesamöl (1 Esslöffel)
- 30 ml Honig (2 Esslöffel)
- 15 ml Sambal Oelek (1 Esslöffel, siehe Hinweis)
- 2 Teelöffel frisch geriebener Ingwer (siehe Hinweis)
- 3 Frühlingszwiebeln, in dünne Scheiben geschnitten (weißer und grüner Teil)
- 454 Gramm Ahi-Thunfisch in Sushi-Qualität (1 Pfund), in ¼ oder ½ Zoll große Stücke gewürfelt
- 2 Tassen Sushi-Reis, nach Packungsanweisung gekocht (ersetzen Sie ihn durch anderen Reis oder Getreide)

OPTIONALE TOPPINGS:
- Geschnittene Avocado
- In Scheiben geschnittene Gurke
- Edamame
- Eingelegtem Ingwer
- Geschnittene Mango
- Kartoffelchips oder Wan-Tan-Chips
- Sesamsamen

ANWEISUNGEN:
a) In einer mittelgroßen Schüssel Sojasauce, Pflanzenöl, Sesamöl, Honig, Sambal Oelek, Ingwer und Frühlingszwiebeln verrühren.
b) Den gewürfelten Thunfisch zur Mischung hinzufügen und vermischen. Lassen Sie die Mischung mindestens 15 Minuten oder bis zu 1 Stunde lang im Kühlschrank marinieren.
c) Zum Servieren den Sushi-Reis in Schüsseln füllen, mit dem marinierten Thunfisch belegen und die gewünschten Toppings hinzufügen.
d) Es wird zusätzliche Soße zum Beträufeln über die Toppings geben; Servieren Sie es als Beilage.

12. Kaisen (frisches Sashimi auf einer Schüssel Reis)

ZUTATEN:
- 800 g (5 Tassen) gewürzter Sushi-Reis

Toppings
- 240 g Lachs in Sashimi-Qualität
- 160 g (5½ oz) Thunfisch in Sashimi-Qualität
- 100 g (3½ oz) Wolfsbarsch in Sashimi-Qualität
- 100 g (3½ oz) gekochte Garnelen (Garnelen)
- 4 rote Radieschen, zerkleinert
- 4 Shiso-Blätter
- 40 g (1½ oz) Lachsrogen

DIENEN
- eingelegtem Ingwer
- Wasabipaste
- Sojasauce

ANWEISUNGEN:

a) Das Lachsfilet in 16 Scheiben schneiden, den Thunfisch und den Wolfsbarsch jeweils in 12 Scheiben. Achten Sie darauf, quer zur Faser zu schneiden, um sicherzustellen, dass der Fisch zart ist.

b) Zum Servieren den Sushi-Reis auf vier einzelne Schüsseln verteilen und die Reisoberfläche flach drücken. Mit Lachs, Thunfisch, Wolfsbarsch und Garnelen belegen und in überlappenden Scheiben anordnen.

c) Mit zerkleinerten roten Radieschen, Shiso-Blättern und Lachsrogen garnieren.

d) Mit eingelegtem Ingwer als Gaumenreiniger und Wasabi und Sojasauce nach Geschmack servieren.

13. Thunfisch mit Avocado-Sushi-Schüssel

ZUTATEN:
- 1 Avocado, geschält und entsteint
- frisch gepresster Saft von 1 Limette
- 800 g (5 Tassen) gewürzter brauner Sushi-Reis
- 1 Schalotte oder rote Zwiebel, fein gehackt und in Wasser eingeweicht
- eine Handvoll gemischte Salatblätter
- 2 Esslöffel Schalottenchips (optional)

THUNFISCH
- 1 Esslöffel geriebener Knoblauch
- 1 Esslöffel geriebener Ingwer
- 2 Esslöffel Pflanzenöl
- 500 g (1 lb 2 oz) Thunfischsteaks in Sashimi-Qualität, Meersalz und frisch gemahlener schwarzer Pfeffer

DRESSING
- 4 Esslöffel Reisessig
- 4 Esslöffel helle Sojasauce
- 4 Esslöffel Mirin
- 4 Teelöffel geröstetes Sesamöl
- frisch gepresster Saft von 1 Limette
- 1 Teelöffel Zucker
- eine Prise Salz

ANWEISUNGEN:

a) Um den Thunfisch zuzubereiten, vermischen Sie in einer kleinen Schüssel Knoblauch, Ingwer und Öl. Verteilen Sie dies auf beiden Seiten jedes Thunfischsteaks und würzen Sie es dann mit Salz und Pfeffer.
b) Eine Grillpfanne erhitzen und die Thunfischsteaks auf jeder Seite 1 Minute scharf anbraten.
c) Lassen Sie den Thunfisch abkühlen und schneiden Sie ihn dann in 2 cm große Würfel.
d) Für das Dressing alle Zutaten vermischen.
e) Schneiden Sie die Avocado in große Würfel und drücken Sie dann den Limettensaft darüber, damit das Fruchtfleisch nicht braun wird.
f) Den braunen Sushi-Reis in Schüsseln geben und mit Thunfischwürfeln, Avocado, Schalotte oder roten Zwiebeln und gemischten Blättern belegen. Kurz vor dem Servieren das Dressing darüber gießen. Für noch mehr Knusprigkeit ggf. Schalottenchips darauf verteilen.

14. Würzige Thunfisch-Sushi-Schüssel

ZUTATEN:
FÜR DEN THUNFISCH:
- 1/2 Pfund Thunfisch in Sushi-Qualität, in 1/2-Zoll-Würfel geschnitten
- 1/4 Tasse geschnittene Frühlingszwiebeln
- 2 Esslöffel natriumarme Sojasauce oder glutenfreie Tamari
- 1 Teelöffel Sesamöl
- 1/2 Teelöffel Sriracha

FÜR DIE WÜRZIGE MAYO:
- 2 Esslöffel helle Mayonnaise
- 2 Teelöffel Sriracha-Sauce

FÜR DIE SCHÜSSEL:
- 1 Tasse gekochter traditioneller Kurzkorn-Sushi-Reis oder weißer Sushi-Reis
- 1 Tasse Gurken, geschält und in 1/2-Zoll-Würfel geschnitten
- 1/2 mittelgroße Hass-Avocado (3 Unzen), in Scheiben geschnitten
- 2 Frühlingszwiebeln, zum Garnieren in Scheiben geschnitten
- 1 Teelöffel schwarzer Sesam
- Natriumreduziertes Soja- oder glutenfreies Tamari zum Servieren (optional)
- Sriracha, zum Servieren (optional)

ANWEISUNGEN:
a) In einer kleinen Schüssel Mayonnaise und Sriracha vermischen und mit etwas Wasser verdünnen.
b) In einer mittelgroßen Schüssel Thunfisch mit Frühlingszwiebeln, Sojasauce, Sesamöl und Sriracha vermischen. Vorsichtig umrühren und beiseite stellen, während die Schüsseln zubereitet werden.
c) In zwei Schüsseln die Hälfte des Reis, die Hälfte des Thunfischs, der Avocado, der Gurke und der Frühlingszwiebeln schichten.
d) Mit würziger Mayonnaise beträufeln und mit Sesam bestreuen. Auf Wunsch mit zusätzlicher Sojasauce als Beilage servieren.
e) Genießen Sie die kräftigen und würzigen Aromen dieser köstlichen Spicy Tuna Sushi Bowl!

15. Dekonstruierte würzige Thunfisch-Sushi-Schüssel

ZUTATEN:
- 1 Tasse Sushi-Reis, gekocht
- 1/2 Tasse scharfer Thunfisch, gehackt
- 1/4 Tasse Edamame-Bohnen, gedünstet
- 1/4 Tasse Radieschen, in dünne Scheiben geschnitten
- Sriracha-Mayonnaise zum Beträufeln
- Avocadoscheiben zum Garnieren
- Sesamsamen zum Bestreuen

ANWEISUNGEN:
a) Den gekochten Sushi-Reis in einer Schüssel verteilen.
b) Gehackten scharfen Thunfisch, gedünstete Edamame-Bohnen und geschnittene Radieschen darauf legen.
c) Sriracha-Mayonnaise über die Schüssel träufeln.
d) Mit Avocadoscheiben garnieren und mit Sesam bestreuen.
e) Genießen Sie die dekonstruierte würzige Thunfisch-Sushi-Schüssel!

16. Gebratener Thunfisch -Sushi-Bowl s

ZUTATEN:
FÜR DIE SCHÜSSEL
- 1 Pfund Irresistibles gebratener Thunfisch und Tataki
- Sushi-Reis

FÜR DIE MARINADE
- ¼ Tasse süße Zwiebel, in dünne Scheiben geschnitten
- 1 Frühlingszwiebel, schräg geschnitten (ca. ¼ Tasse) und mehr zum Garnieren
- 2 Knoblauchzehen, gehackt
- 2 Teelöffel schwarzer Sesam, geröstet und mehr zum Garnieren
- 2 Teelöffel Cashewnüsse (geröstet und ungesalzen), gehackt und geröstet
- 1 gehackte rote Chilischote und mehr zum Garnieren
- 3 Esslöffel Sojasauce
- 2 Esslöffel Sesamöl
- 2 TL Reisessig
- 1 TL Limettensaft
- 1 EL Sriracha und mehr zum Servieren
- ¼ Teelöffel Meersalz
- ½ Teelöffel rote Paprikaflocken (optional)

EXTRA GARNIERMÖGLICHKEITEN
- In Scheiben geschnittene Gurke
- Geschnittene Radischen
- Geschnittene Kohl
- Algenflocken
- Gehackte Avocado
- Edamame

ANWEISUNGEN:
a) Alle Zutaten für die Marinade in einer großen Schüssel vermischen, die angebratenen Thunfischscheiben dazugeben und vorsichtig umrühren.
b) Abdecken und 10–30 Minuten im Kühlschrank lagern.
c) Aus dem Kühlschrank nehmen und auf einem Bett aus weißem Reis zusammen mit den gewünschten Beilagen und etwas scharfer Soße/Sriracha als Beilage servieren.

17.Würzige Thunfisch-Rettich -Sushi-Schüssel

ZUTATEN:
- 1 Pfund Thunfisch in Sushi-Qualität, gewürfelt
- 2 EL Gochujang (koreanische rote Paprikapaste)
- 1 EL Sojasauce
- 1 EL Sesamöl
- 1 TL Reisessig
- 1 Tasse Daikon-Rettich, Julienne
- 1 Tasse Zuckererbsen, in Scheiben geschnitten
- 2 Tassen traditioneller Sushi-Reis, gekocht
- Frühlingszwiebeln zum Garnieren

ANWEISUNGEN:
a) Mischen Sie Gochujang, Sojasauce, Sesamöl und Reisessig, um die würzige Sauce herzustellen.
b) Gewürfelten Thunfisch in die scharfe Soße geben und 30 Minuten im Kühlschrank lagern.
c) Stellen Sie Schüsseln mit traditionellem Sushi-Reis als Basis zusammen.
d) Mit mariniertem Thunfisch, julienned Daikon-Rettich und geschnittenen Erbsen belegen.
e) Mit gehackten Frühlingszwiebeln garnieren und servieren.

18. Thunfisch- und Wassermelonen-Sushi-Schüssel

ZUTATEN:
- 1 Pfund Thunfisch in Sushi-Qualität, gewürfelt
- 1/4 Tasse Kokos-Aminosäuren (oder Sojasauce)
- 2 EL Limettensaft
- 1 EL Sesamöl
- 2 Tassen Wassermelone, gewürfelt
- 1 Tasse Gurke, in Scheiben geschnitten
- 2 Tassen traditioneller Sushi-Reis, gekocht
- Minzblätter zum Garnieren

ANWEISUNGEN:
a) Für die Marinade Kokosnuss-Aminosäuren, Limettensaft und Sesamöl verrühren.
b) Den Thunfisch in die Marinade geben und 30 Minuten im Kühlschrank lagern.
c) Stellen Sie Schüsseln mit gekochtem traditionellem Sushi-Reis als Basis her.
d) Mit mariniertem Thunfisch, gewürfelter Wassermelone und Gurkenscheiben belegen.
e) Mit frischen Minzblättern garnieren und servieren.

AHI-THUNFISCH-SALATE

19. Ahi-Thunfischsalat

ZUTATEN:
- 1 Ahi-Thunfischsteak, 6 Unzen
- 2 Teelöffel Fünf-Gewürze-Pulver
- 1 Teelöffel Grillgewürz oder Salz und grober Pfeffer
- Kochspray oder Pflanzenöl
- 5 Unzen gemischter, vorgewaschener Babysalat
- 2 Radieschen, in Scheiben geschnitten
- 1/4 europäische Gurke, in dünne Scheiben geschnitten
- 1/2 Teelöffel Wasabipaste
- 1 Esslöffel Reisessig
- 1 Esslöffel Sojasauce
- 3 Esslöffel natives Olivenöl
- Salz und frisch gemahlener schwarzer Pfeffer

ANWEISUNGEN:
a) Das Thunfischsteak mit Fünf-Gewürze-Pulver und Grillgewürz bestreichen.
b) Thunfisch auf jeder Seite 2 Minuten anbraten.
c) Gemüse, Radieschen und Gurke in einer Schüssel vermengen.
d) Wasabi, Essig und Sojasauce in einer kleineren Schüssel verquirlen; Für das Dressing Öl hinzufügen.
e) Das Dressing über den Salat träufeln und vermischen.
f) Thunfisch in Scheiben schneiden und auf dem Salat anrichten.

20. Ahi-Thunfisch-Tataki-Salat mit Zitronen-Wasabi-Dressing

ZUTATEN:
ZITRONEN-WASABI-Dressing:
- 1 kleine Schalotte, geschält und in Scheiben geschnitten
- 1-2 Teelöffel zubereiteter Wasabi
- 2 Esslöffel Sojasauce
- 2 Esslöffel frischer Zitronensaft
- 1 Esslöffel Mirin
- 2 Esslöffel Reisessig
- 1 Teelöffel Yuzu-Saft
- Kristallzucker nach Geschmack
- 4 Esslöffel Rapsöl

THUNFISCH:
- 12 Unzen frischer Ahi-Thunfisch, Sashimi-Qualität
- 2 Teelöffel Ichimi Togarashi (oder zerstoßene rote Paprikaflocken)
- 1/2 Teelöffel rosa Himalaya-Salz
- 1 Esslöffel Rapsöl
- 1/2 Tasse Daikon-Rettichsprossen zum Garnieren

SALAT:
- 4 Tassen gemischtes asiatisches Babygrün
- 1 Tasse gefrorenes, geschältes Edamame, aufgetaut
- 2 Esslöffel eingelegter Ingwer, Julienne
- 1/2 Gurke, geschält, in dünne Streifen geschnitten
- 1 kleine alte Tomate, in kleine Spalten geschnitten

ANWEISUNGEN:
a) Alle Zutaten für das Dressing in einen Mixer geben und glatt rühren.
b) Die Thunfischportionen mit Togarashi und Salz würzen. Den Thunfisch in Rapsöl anbraten und in gleichmäßige Scheiben schneiden.
c) Das Gemüse in eine Rührschüssel geben und leicht mit Dressing würzen.
d) Den Salat auf Serviertellern verteilen und mit eingelegtem Ingwer, Edamame, Gurke und Tomate belegen.
e) Die Thunfischscheiben rundherum anordnen und mit mehr Dressing beträufeln. Den Thunfisch mit Daikonsprossen garnieren.

21. Herrlich geschichteter Thunfischsalat

ZUTATEN:
- 2 Stunden Kühlzeit
- 1-1/2 Pfund frische Ahi-Thunfischfilets, 1 Zoll dick geschnitten
- 1 EL natives Olivenöl extra
- 1-1/4 Pfund kleine neue Yukon Gold-Kartoffeln, in dünne Scheiben geschnitten
- 6 Ähren frischer Zuckermais
- 1 Tasse gehackter frischer Koriander
- 12 Frühlingszwiebeln, in Scheiben geschnitten
- 1 Jalapenopfeffer, entkernt und in Scheiben geschnitten
- Limetten-Dressing
- 1 mittelgroße rote Paprika, gehackt
- Chilipulver
- Limettenschnitze (optional)

Limettendressing:
- 1/3 Tasse frischer Limettensaft
- 1/3 Tasse natives Olivenöl extra
- 1 TL Zucker
- 1/2 TL Salz

ANWEISUNGEN:
a) Thunfisch mit Olivenöl bestreichen, mit Salz und Pfeffer bestreuen und dann grillen, bis er gar ist.
b) Kartoffelscheiben kochen, bis sie weich sind. Mais vom Maiskolben schneiden.
c) In einer kleinen Schüssel Koriander, Frühlingszwiebeln und Jalapeno vermengen. abdecken und kalt stellen.
d) Bereiten Sie das Limettendressing zu, indem Sie Limettensaft, Olivenöl, Zucker und Salz verrühren.
e) Thunfisch in Stücke brechen und gleichmäßig in eine Auflaufform legen. Mit Limetten-Dressing beträufeln.
f) Kartoffeln, Mais und restliches Dressing hinzufügen. Mit Salz und Pfeffer bestreuen.
g) Abdecken und 2-3 Stunden kalt stellen.

BLAUER THUNFISCH-SALAT

22. Gebratener Blauflossen-Thunfisch-Salat Niçoise

ZUTATEN:
SALAT
- 225g kleine rote Kartoffeln
- 4 große Eier
- Große Handvoll gemischter Salat
- 400 g Dinko-Südlicher Blauflossen-Thunfisch
- 200g Kirschtomaten
- ½ Tasse Niçoise-Oliven
- Salz und Pfeffer

DRESSING
- 1/3 Tasse Olivenöl
- 1/3 Tasse Rotweinessig
- 1 EL Dijon-Senf

ANWEISUNGEN:

a) Olivenöl, Rotweinessig und Dijon-Senf in ein Glas geben und schütteln.

b) Eier in einen großen Topf geben und mit Wasser bedecken. Sobald das Wasser kocht, schalten Sie den Brenner aus und lassen Sie es 10–15 Minuten lang stehen. Das Wasser aus dem Topf abseihen, mit kaltem Wasser auffüllen und ruhen lassen.

c) Kartoffeln schälen, vierteln, in einen Topf geben und mit Wasser bedecken. Zum Kochen bringen, dann die Hitze reduzieren und 12 Minuten köcheln lassen.

d) 4 Erhitzen Sie eine große gusseiserne Pfanne bei mittlerer bis hoher Hitze und bestreichen Sie die Pfanne dann leicht mit Kochspray.

e) Dinko-Steaks vom Südlichen Roten Thunfisch mit Salz und Pfeffer bestreichen und dann den Thunfisch in die Pfanne geben. Thunfisch auf jeder Seite 2 Minuten anbraten. Zur Seite stellen und abkühlen lassen.

f) Eier aus dem Wasser nehmen; schälen und der Länge nach halbieren.

g) Thunfischsteaks quer zur Faser in dünne Scheiben schneiden.

h) In einer großen Schüssel Tomaten, Oliven, gemischten Salat und Kartoffeln vermischen. Vorsichtig mischen.

i) Die Salatmischung auf vier Teller verteilen; Mit Thunfischscheiben und Eiern belegen.

j) Mit Dressing beträufeln und servieren.

23. Roter Thunfisch mit Oliven und Koriander-Relish

ZUTATEN:
- 1 Pfund Roter Thunfischsteak
- 3 Kirby-Gurken
- 1/2 Tasse entkernte gemischte Oliven, in 1/4-Zoll-Würfel geschnitten
- 1/4 Tasse verpackte frische Korianderblätter
- 2 EL frischer Zitronensaft, plus Zitronenschnitze zum Servieren
- 1/4 Tasse plus 2 Esslöffel natives Olivenöl extra
- Grobes Salz und frisch gemahlener Pfeffer
- 2 EL ungesalzene Butter

ANWEISUNGEN:
a) Gurken der Länge nach halbieren, Kerne herauslöffeln und entsorgen, dann Gurken in 1/4-Zoll-Würfel schneiden.
b) In einer kleinen Schüssel Gurken, Oliven, Koriander, Zitronensaft und 1/4 Tasse Öl vermischen; mit Salz und Pfeffer würzen. Beiseite legen.
c) Thunfischsteak mit Salz und Pfeffer würzen. Erhitzen Sie eine große, schwere Pfanne (vorzugsweise aus Gusseisen) auf höchster Stufe. 2 EL Öl hinzufügen; Wenn es anfängt zu schimmern, Thunfischsteak hinzufügen. 1 Minute anbraten, dann umdrehen und weitere 30 Sekunden garen.
d) 2 EL Butter hinzufügen, schmelzen und noch 1 Minute kochen lassen. Hinweis: Wir mögen unseren Thunfisch, wenn er selten gekocht wird. Wenn Sie ihn lieber mittelmäßig kochen möchten, können Sie die Garzeit gerne um ein paar Minuten verlängern.
e) Mit einem scharfen Messer das Thunfischsteak schräg einschneiden und mit Olivenrelish garniert servieren.

24. Mediterraner Blauflossen-Thunfisch-Salat

ZUTATEN:
- 1 Pfund frischer Roter Thunfisch, Sushi-Qualität
- 4 Tassen gemischter Salat (Rucola, Spinat und/oder Brunnenkresse)
- 1 Tasse Kirschtomaten, halbiert
- 1/2 Gurke, in Scheiben geschnitten
- 1/4 rote Zwiebel, in dünne Scheiben geschnitten
- 1/4 Tasse Kalamata-Oliven, entkernt
- 2 Esslöffel Kapern
- 1/4 Tasse Feta-Käse, zerbröselt
- 3 Esslöffel natives Olivenöl extra
- 2 Esslöffel Rotweinessig
- 1 Teelöffel Dijon-Senf
- Salz und schwarzer Pfeffer nach Geschmack

ANWEISUNGEN:
a) Den Roten Thun in mundgerechte Würfel schneiden.
b) Den Thunfisch mit Salz und Pfeffer würzen.
c) Eine Bratpfanne oder Grillpfanne bei starker Hitze erhitzen.
d) Die Thunfischwürfel auf jeder Seite 1-2 Minuten anbraten, dabei die Mitte scharf lassen.
e) Vom Herd nehmen und vor dem Schneiden einige Minuten ruhen lassen.
f) In einer großen Schüssel den Salat, die Kirschtomaten, die Gurke, die roten Zwiebeln, die Oliven und die Kapern vermischen.
g) In einer kleinen Schüssel Olivenöl, Rotweinessig, Dijon-Senf, Salz und Pfeffer verrühren.
h) Den geschnittenen Thunfisch zum Salat geben.
i) Das Dressing über den Salat träufeln und vorsichtig vermengen.
j) Streuen Sie zerbröckelten Feta-Käse darüber.
k) Sofort servieren.

THUNFISCH-STEAK-SALAT

25. Dekonstruierter Nicoise-Salat

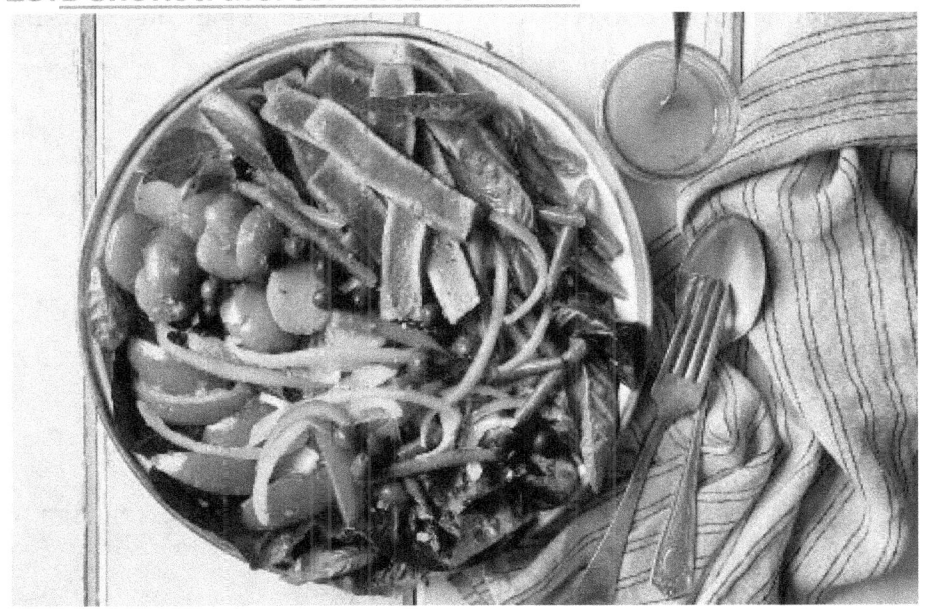

ZUTATEN:
- Thunfischsteaks – eines pro Person, gegrillt mit Olivenöl, Salz und Pfeffer
- 2 neue Kartoffeln pro Person
- 5-8 Bohnen pro Person
- 10 Oliven pro Person
- 1 weichgekochtes Ei pro Person
- Sardellenmayonnaise

ANWEISUNGEN:
a) Die Kartoffeln kochen und in Spalten schneiden.
b) Die weichgekochten Eier schälen.
c) Blanchieren Sie die Bohnen.
d) Die Thunfischsteaks grillen.
e) Zusammenstellen und mit den Thunfischsteaks abschließen.
f) Mit Sardellenmayonnaise beträufeln.

26. Thunfisch- und weißer Bohnensalat

ZUTATEN:
- 2 (15-Unzen) Dosen Cannellini oder Great Northern Beans, abgespült und abgetropft
- 3 große Roma-Tomaten, entkernt und gehackt (ca. 1 1/2 Tassen)
- 1/2 Tasse gehackter Fenchel, Blattspitzen beiseite legen
- 1/3 Tasse gehackte rote Zwiebel
- 1/3 Tasse orange oder rote Paprika
- 1 Esslöffel abgeschnittene Fenchelblätter
- 1/4 Tasse natives Olivenöl extra (EVOO)
- 3 Esslöffel Weißweinessig
- 2 Esslöffel Zitronensaft
- 1/4 Teelöffel Salz
- 1/4 Teelöffel Pfeffer
- 1 (6 Unzen) Thunfischsteak, 1 Zoll dick geschnitten
- Salz
- Gemahlener schwarzer Pfeffer
- 1 Esslöffel EVOO
- 2 Tassen zerrissener gemischter Salat
- Blattige Fenchelspitzen

ANWEISUNGEN:
Für den Salat:
a) In einer großen Schüssel Bohnen, Tomaten, gehackten Fenchel, rote Zwiebeln, Paprika und die geschnittenen Fenchelspitzen vermischen; beiseite legen.
b) Für Vinaigrette:
c) In einem Schraubglas 1/4 Tasse EVOO, Essig, Zitronensaft, je 1/4 TL Salz und Pfeffer vermischen. Abdecken und gut schütteln.
d) Dressing über die Bohnenmischung gießen; Zum Überziehen vorsichtig umrühren. 30 Minuten bei Zimmertemperatur stehen lassen.
Für Thunfisch:
e) Thunfisch, wenn er frisch verwendet wird, mit Salz und Pfeffer bestreuen; 1 Esslöffel EVOO auf mittlerer bis hoher Stufe erhitzen.

f) Fügen Sie den Thunfisch hinzu und kochen Sie ihn 8 bis 12 Minuten lang oder bis der Fisch leicht zerfällt, mit einer Gabel und wenden Sie ihn dabei einmal. Thunfisch in Stücke brechen.

g) Thunfisch zur Bohnenmischung hinzufügen; Zum Kombinieren werfen.

h) Dienen:

i) Eine Servierplatte mit Salat auslegen und die Bohnenmischung darüber geben.

j) Nach Belieben mit weiteren Fenchelspitzen garnieren.

27. Gegrillter Estragon-Thunfisch-Salat

ZUTATEN:
- 1/2 Tasse leichte Vinaigrette oder italienisches Salatdressing
- 1 Teelöffel. frisch geriebener Estragon
- 4 (je 6 Unzen) frische Thunfischsteaks, 1/2 bis 3/4 Zoll dick geschnitten
- 8 Tassen (8 Unzen) grüner Salat
- 1 Tasse Tomaten (Tropfen-, Trauben- oder Kirschtomaten)
- 1/2 Tasse gelbe Paprikastreifen
- 1-3/4 Tassen (7 Unzen) geriebener Mozzarella und Asiago-Käse mit geröstetem Knoblauch, geteilt

ANWEISUNGEN:
a) Salatdressing und Estragon vermischen. 2 Esslöffel Dressing über die Thunfischsteaks geben.
b) Grillen Sie den Thunfisch über mittelhohen Kohlen 2 Minuten pro Seite oder bis er außen angebraten, in der Mitte aber noch sehr rosa ist. Vermeiden Sie ein Überkochen, um eine Zähigkeit zu verhindern.
c) Salat, Tomaten, Paprikastreifen und 1 Tasse Käse in einer großen Schüssel vermengen.
d) Die restliche Dressingmischung hinzufügen; gut umrühren.
e) Auf Servierteller verteilen, mit Thunfisch belegen und mit dem restlichen Käse bestreuen. Mit Pfeffer servieren.

28. Gegrillter Thunfisch-Nicoise-Salat

ZUTATEN:
- 2 Esslöffel Champagneressig
- 1 Esslöffel gehackter Estragon
- 1 Teelöffel Dijon-Senf
- 1 kleine Schalotte, fein gehackt
- 1/2 Teelöffel feines Meersalz
- 1/4 Teelöffel gemahlener schwarzer Pfeffer
- 1/4 Tasse Olivenöl
- 1 (1 Pfund) frisches oder gefrorenes und aufgetautes Thunfischsteak
- Kochspray mit Olivenöl
- 1 1/2 Pfund kleine neue Kartoffeln, weich gekocht und abgekühlt
- 1/2 Pfund grüne Bohnen, geputzt, weich gekocht und abgekühlt
- 1 Tasse halbierte Kirschtomaten
- 1/2 Tasse entkernte Nicoise-Oliven
- 1/2 Tasse dünn geschnittene rote Zwiebel
- 1 hartgekochtes Ei, geschält und in Spalten geschnitten (optional)

ANWEISUNGEN:

a) Essig, Estragon, Dijon, Schalotte, Salz und Pfeffer verrühren. Olivenöl langsam unterrühren, bis eine Vinaigrette entsteht.

b) 2 Esslöffel der Vinaigrette über die Thunfischsteaks träufeln, abdecken und 30 Minuten kalt stellen.

c) Sprühen Sie den Grill mit Kochspray ein und heizen Sie ihn auf mittlere Hitze vor. Den Thunfisch grillen, bis er den gewünschten Gargrad erreicht hat (5 bis 7 Minuten auf jeder Seite).

d) Den Thunfisch in große Stücke schneiden. Thunfisch, Kartoffeln, grüne Bohnen, Tomaten, Oliven, Zwiebeln und Ei auf einer großen Platte anrichten. Mit der restlichen Vinaigrette als Beilage servieren.

29. Blattsalat und gegrillter Thunfischsalat

ZUTATEN:
Limettenvinaigrette:
- 6 EL Limettensaft
- 1,5 EL Weißweinessig
- 3 EL Olivenöl
- 2 EL natriumarme Sojasauce
- Salz und frisch gemahlener schwarzer Pfeffer

THUNFISCH:
- 4 Thunfischsteaks (je 4 bis 5 Unzen)
- Antihaft-Kochspray

GRÜNER SALAT:
- 8 Tassen gemischter Bibb- und Römersalat
- 6 große Champignons (in Scheiben geschnitten)
- 1/4 Tasse geschnittene Frühlingszwiebeln
- 1 große Tomate (gehackt)
- 1 Dose schwarze Bohnen (gespült und abgetropft, kalt)

ANWEISUNGEN:
a) Bereiten Sie die Soja-Limetten-Vinaigrette zu, indem Sie Limettensaft, Essig, Olivenöl, Sojasauce, Salz und Pfeffer verrühren.

b) Besprühen Sie den Grillrost mit Antihaft-Kochspray und heizen Sie ihn auf mittlere bis hohe Stufe vor. Thunfisch mit Salz und Pfeffer würzen.

c) Thunfisch pro Seite 4-5 Minuten grillen. Thunfisch in Streifen schneiden.

d) In einer Schüssel Thunfisch, Pilze, Frühlingszwiebeln und anderes Gemüse mit der Hälfte der Vinaigrette vermischen.

e) In einer separaten Salatschüssel den Salat mit der restlichen Vinaigrette vermischen. Die Thunfisch-Gemüse-Mischung darauf verteilen.

f) Optional: Gehackten Koriander darüber streuen. Dieser Salat ähnelt der Schwarzaugenerbse, die in etwa so serviert wird.

30. Gepfefferte Thunfischsteaks mit koreanischem Salat

ZUTATEN:
SALAT NACH KOREANISCHER ART:
- 1/2 Tasse zerkleinerter Chinakohl
- 1/4 Tasse frische Sojasprossen
- 1 Gurke, geschält, entkernt und in dünne Scheiben geschnitten
- 1/4 Tasse Sojasauce
- 1/4 Tasse Reisessig
- 1 Esslöffel gehackter Ingwer
- 1 Esslöffel gehackter Knoblauch
- 1 frische Chilischote Ihrer Wahl, gehackt
- 2 Esslöffel Kristallzucker
- 2 Esslöffel grob gehacktes frisches Basilikum
- Salz und Pfeffer nach Geschmack

THUNFISCH:
- 4 frische Thunfischsteaks
- 1/4 Tasse grob gemahlene Pfefferkörner
- 1/2 Teelöffel koscheres Salz

ANWEISUNGEN:
a) In einer mittelgroßen Schüssel Kohl, Sojasprossen und Gurke vermischen.

b) Sojasauce, Essig, Ingwer, Knoblauch, Chili, Zucker, Basilikum, Salz und Pfeffer vermischen. Gut verrühren und dann gerade so viel zur Kohlmischung hinzufügen, dass sie feucht ist. Gut umrühren, abdecken und im Kühlschrank aufbewahren.

c) Den Grill auf höchste Stufe vorheizen. Den Thunfisch rundherum mit gemahlenen Pfefferkörnern einreiben und mit Salz bestreuen.

d) Auf eine leicht gefettete Grillpfanne legen und ca. 6 Minuten pro Seite grillen, bis es Ihren Wünschen entspricht.

e) Den Salat auf 4 Teller verteilen, jeweils ein Thunfischsteak darauf legen und sofort servieren.

31. Gebratener frischer Thunfischsalat

ZUTATEN:
- 3/4 Pfund Baby- oder Creamer-Rotkartoffeln
- 1/2 Pfund frische grüne Bohnen
- 2 Esslöffel Dijon-Senf
- 3 Esslöffel Rotweinessig
- 1 Esslöffel weißer Meerrettich
- 2 Esslöffel Hühnerbrühe
- 3/4 Pfund frisches Thunfischsteak, 1 Zoll dick
- 2 Esslöffel Sesamkörner
- 1 Esslöffel Olivenöl
- 8 Unzen frisches Babygrün
- 1 reife Tomate, in 2 Zoll große Würfel geschnitten
- 1/2 französisches Baguette
- 1/2 Teelöffel Salz
- 1/2 Teelöffel frisch gemahlener schwarzer Pfeffer

ANWEISUNGEN:

a) Den Ofen auf 350 vorheizen.
b) Kartoffeln waschen und in 2,5 cm große Würfel schneiden.
c) Bohnen waschen, putzen und in 5 cm große Stücke schneiden.
d) Geben Sie die Kartoffeln in einen Dampfgarer über 3 Zoll Wasser, decken Sie dann den Topf ab und bringen Sie das Wasser zum Kochen.
e) 5 Minuten dämpfen, dann Bohnen hinzufügen und weitere 5 Minuten dämpfen.
f) Senf und Essig in einer großen Schüssel glatt rühren. Meerrettich und Brühe hinzufügen und mit einer Gabel zu einer glatten Konsistenz verrühren.
g) Fügen Sie Salz und Pfeffer hinzu, fügen Sie dann die Kartoffeln und Bohnen hinzu, wenn sie gar sind, und vermischen Sie alles gut.
h) Thunfisch waschen und mit Papiertüchern trocken tupfen, dann beide Seiten mit Sesamkörnern bestreichen.
i) Eine mittelgroße beschichtete Pfanne auf mittlerer bis hoher Stufe 2 Minuten vorheizen. Fügen Sie Olivenöl hinzu und braten Sie den Thunfisch 2 Minuten pro Seite an, dann salzen und pfeffern Sie die gebratene Seite.
j) Abdecken und vom Herd nehmen, dann 5 Minuten stehen lassen.
k) Das Gemüse halbieren und auf Teller legen, dann Kartoffeln und Bohnen auf den Salat geben. Tomaten hinzufügen, Thunfisch in Streifen schneiden und darauf anrichten.
l) Das restliche Dressing darüber gießen und mit einem Baguette servieren.

ALBACORE-THUNFISCH-SALATE IN DER DOSE

32. Albacore-Bananen-Ananas-Salat

ZUTATEN:
- 3 reife Bananen, gewürfelt
- 1/2 Tasse gewürfelte Ananas aus der Dose
- 1 1/2 Tassen Weißer Thunfisch aus der Dose
- 1/4 Tasse gewürfelter Sellerie
- 1/2 Teelöffel Salz
- 1 Esslöffel gehackte Gurke
- Mayonnaise zum Anfeuchten

ANWEISUNGEN:
a) Mischen Sie Bananen und Ananas und fügen Sie dann Weißen Thun hinzu.
b) Die restlichen Zutaten unterheben und mit knackigem Salat und Zitronenscheiben garnieren.

33. Albacore-Nudelsalat

ZUTATEN:
- 4 Tassen gekochte Spiralnudeln
- 1 Tasse italienisches Salatdressing
- 1 Tasse Tomaten, gewürfelt
- 1 Tasse Gurken, gewürfelt
- 1 Tasse schwarze Oliven, gewürfelt
- 1 Tasse rote Paprika, gewürfelt
- 2 Tassen Salat
- 1 Dose Weißer Thunfisch

ANWEISUNGEN:

a) Nudeln nach Anleitung kochen.

b) Abgießen und mit Salatdressing vermischen. 1 Stunde kühl stellen.

c) Salat in mundgerechte Stücke zupfen und im Kühlschrank aufbewahren.

d) Gemüse mit Nudeln vermischen, dann den Thunfisch vorsichtig unterrühren und auf dem Salat in einer Schüssel anrichten.

34. Thunfisch-Nudelsalat

ZUTATEN:
- 1-2 Dosen Thunfisch (weißer Weißer Thunfisch eignet sich am besten)
- 2 Tassen ungekochte Nudeln (kleine Muscheln oder Makkaroni eignen sich hervorragend)
- 1/3 Gurke (in Stücke geschnitten)
- 1/2 mittelgroße Tomate (gewürfelt)
- 1 große Karotte (geschält und in kleine Stücke geschnitten)
- 1/3 Tasse geschnittene schwarze Oliven
- 1/3 Tasse geschnittene grüne Oliven
- 3 süße Zwerggurken (in dünne Scheiben geschnitten)
- 1/2 kleine Zwiebel (gehackt oder fein gehackt)
- 1/2 Tasse Salatdressing (Miracle Whip oder No Name)
- Salz und Pfeffer nach Geschmack
- Jedes andere Gemüse, das Sie mögen oder ersetzen möchten

ANWEISUNGEN:
a) Die Nudeln kochen (ca. 10 Minuten).
b) Während die Nudeln kochen, bereiten Sie Ihr Gemüse vor.
c) Nudeln abgießen und mit kaltem Wasser abspülen, bis die Nudeln abgekühlt sind.
d) Salatdressing, Salz und Pfeffer hinzufügen. Gut mischen.
e) Geben Sie das gesamte gehackte Gemüse zu den Nudeln.
f) Den Thunfisch zur Mischung hinzufügen. Voilà!

35. Chow Mein Thunfischsalat

ZUTATEN:
DRESSING:
- Je 1/3 Tasse Mayonnaise und Sauerrahm (oder griechischer Joghurt)
- 1/4 TL Salz (nach Geschmack anpassen)
- 3/4 TL Knoblauchpulver
- 1/8 TL schwarzer Pfeffer

SALAT:
- 1 Kopf Eisbergsalat, zerzupft
- 12 Unzen Weißer Thunfisch, abgetropft und in Stücke geschnitten
- 1 Tasse gefrorene grüne Erbsen, aufgetaut
- 1 Dose Chow-Mein-Nudeln (ca. 1 gehäufte Tasse)

ANWEISUNGEN:
a) Dressingzutaten verrühren und beiseite stellen.
b) Erbsen, Thunfisch und Salat mischen.
c) Das Dressing unterrühren.
d) Zum Schluss die Chow-Mein-Nudeln unterrühren und sofort servieren!

36. Mostaccioli-Salat Nicoise

ZUTATEN:
- 1 Pfund Mostaccioli- oder Penne-Nudeln, ungekocht
- 2 Pfund frische grüne Bohnen, gedünstet, bis sie zart-knusprig sind
- 2 mittelgroße grüne Paprika, in Stücke geschnitten
- 1 Pint Kirschtomaten, geviertelt
- 2 Tassen geschnittener Sellerie
- 1 Tasse geschnittene Frühlingszwiebeln
- 10–20 entkernte reife Oliven (Kalamata), in Scheiben geschnitten (oder nach Geschmack)
- 2 (7 Unzen) Dosen mit Wasser gefüllter weißer Thunfisch (Albacore), abgetropft und in Flocken geschnitten

DRESSING:
- 1/2 Tasse Oliven- oder Pflanzenöl
- 1/4 Tasse Rotweinessig
- 3 Knoblauchzehen, gehackt
- 4 Teelöffel Dijon-Senf
- 1 Teelöffel beliebiges salzfreies Kräutergewürz
- 1 Teelöffel Basilikumblätter (frisch oder trocken)
- 1/4 Teelöffel Pfeffer

ANWEISUNGEN:

a) Bereiten Sie die Nudeln gemäß den Anweisungen in der Packung zu.

b) Während die Nudeln kochen, Gemüse und Oliven hacken und mit dem Thunfisch in einer großen Schüssel vermengen.

c) Öl, Essig, Knoblauch, Senf, Kräutergewürz, Basilikum und Pfeffer verrühren.

d) Nachdem die Nudeln fertig sind, lassen Sie sie abtropfen und geben Sie sie in die große Schüssel mit dem Gemüse.

e) Das Dressing über die Nudeln gießen und gründlich verrühren.

f) Abdecken und kalt stellen, bis sich die Aromen vermischen (ca. 1–2 Stunden, länger für besseren Geschmack).

g) Während es abkühlt, gelegentlich umrühren, dann servieren und genießen!

37. Ringnudel- und Piment-Thunfischsalat

ZUTATEN:

- 1 Schachtel kleine Ringnudeln
- 1 Glas Piment (gehackt)
- 1/2 Tasse gehackter Sellerie
- 1/2 Tasse Frühlingszwiebeln (klein geschnitten)
- 1 Dose Weißer Thunfisch (abgetropft)
- 1 Tasse Mayonnaise

ANWEISUNGEN:

a) Kleine Ringnudeln in Salzwasser kochen, bis sie gar sind. Abgießen und mit kaltem Wasser abspülen, bis es abgekühlt ist.

b) Mit gehackten Pimenten, Sellerie, Frühlingszwiebeln, abgetropftem Thunfisch und Mayonnaise vermischen.

c) Kühl stellen und auf einem Römerblatt servieren. Ideal für ein Sommermittagessen.

38. Thunfischsalat aufschlagen

ZUTATEN:
- 2 Dosen Weißer Thurfisch in Wasser
- 3/4 Tasse großer Quark-Hüttenkäse (Sie können auch fettarmen verwenden)
- 1 TL Dill
- 1 TL Zucker (optional)
- 1 EL Miracle Whip
- Salz und Pfeffer nach Geschmack

ANWEISUNGEN:
a) Alle Zutaten in einer Schüssel vermengen.
b) Gut vermischen und essen.
c) Kann pur oder auf Sandwiches gegessen werden. Kann auf herzhaftem Dickkornbrot oder mit Vollkorncrackern genossen werden.

39. Makkaroni-Thunfischsalat

ZUTATEN:
- 12 Unzen mit Wasser gefüllter Weißer Thunfisch aus der Dose, abgetropft und in Flocken geschnitten
- 8-Unzen-Paket kleine Muschelmakkaroni
- 2 hartgekochte Eier, fein gehackt
- 1/4 Tasse grüner oder roter Pfeffer, gehackt
- 2 Stangen Sellerie, gehackt
- 1 Bund Frühlingszwiebeln, gehackt
- 1 Tasse gefrorene grüne Erbsen, gekocht und abgekühlt
- 3/4 Tasse Mayonnaise
- 2 Esslöffel Gurkenrelish
- 1 Teelöffel Salz
- 1 Teelöffel frisch gemahlener schwarzer Pfeffer

ANWEISUNGEN:

a) Makkaroni nach Packungsanweisung kochen, abtropfen lassen und mit kaltem Wasser abspülen.

b) Lassen Sie die Makkaroni abkühlen und fügen Sie dann Thunfisch, Eier, Paprika, Sellerie, Zwiebeln und Erbsen hinzu. Gut mischen.

c) In einer kleinen Schüssel Mayonnaise, Gurkenrelish, Salz und Pfeffer vermischen.

d) Die Mayonnaise-Mischung zu den Makkaroni geben und gut vermischen.

e) Vor dem Servieren mehrere Stunden in den Kühlschrank stellen.

40. Nackter Schneeerbsen-Thunfischsalat

ZUTATEN:
- 12 oz Chunk White Weißer Thunfisch
- 1/8 Tasse frische Erbsen
- 1 mittelgroße Zweige Frische Sellerieherzen
- 1/2 Tasse Frühlingszwiebel
- 1 Tasse Petersilie
- 1/2 Tasse Jicama
- 1 TL gemahlener Kreuzkümmel
- 1/4 TL Gewürze, Cayennepfeffer
- 1/4 TL Salz
- 1/2 Tasse Mayonnaise

ANWEISUNGEN:

a) Die Erbsen schälen, dann Sellerie, Frühlingszwiebel und Jicama fein würfeln. Petersilie fein hacken.

b) Die beiden Dosen Thunfisch abtropfen lassen, vermischen und gut vermischen.

c) Vor dem Servieren eine Stunde kalt stellen.

d) Über frischem Gemüse servieren oder zu einem Wrap aufrollen. Kann für einen heißen Thunfisch-Wrap verwendet werden, wenn Sie eine Panini-Presse haben.

41. Neptunsalat

ZUTATEN:
- 12–14 Unzen. Weißer Albacore-Thunfisch, abgetropft
- 6 getrocknete Tomaten, in Öl eingelegt, gehackt
- 2 Esslöffel gehackte Petersilie
- 1/2 Tasse Marzetti® Balsamico-Dressing, geteilt
- 8 Unzen gereinigter gemischter Salat
- 1/2 englische Gurke, halbiert und in 1/4-Zoll-Scheiben geschnitten
- 2 reife Tomaten, jeweils in 6 Spalten geschnitten
- 1 Tasse Texas Toast, Meersalz und Pfeffer Croutons®

ANWEISUNGEN:

a) In einer mittelgroßen Rührschüssel Thunfisch, getrocknete Tomaten, Petersilie und 2 Esslöffel Marzetti® Balsamico-Dressing vermischen.

b) In einer Servierschüssel Salat, Gurke und Tomaten vermischen. Mit dem restlichen Marzetti® Balsamico-Dressing vermengen.

c) Die Thunfischmischung über das Gemüse geben und mit Texas Toast Sea Salt & Pepper Croutons bestreuen.

d) Aufschlag.

42. Cremiger Paprika-Tomaten-Thunfisch-Salat

ZUTATEN:
- 2 große Dosen weißer Weißer Thunfisch, in Wasser eingelegt, abgetropft
- 1/4 entkernte Kalamata-Oliven, abgetropft und gehackt ODER 1/4 spanische Königin-Oliven, abgetropft und in Scheiben geschnitten
- 1/2 rote Paprika, entkernt und gehackt (oder geröstete rote Paprika)
- 2 EL Kapern, abgetropft
- 1/4 rote Zwiebel, gewürfelt
- 2 Roma-Tomaten, gehackt
- Saft einer Zitronenscheibe
- Mayonnaise
- 2 TL Dijon-Senf
- Frisch gemahlener schwarzer Pfeffer
- Ein paar Shakes Old Bay-Gewürz

ANWEISUNGEN:
a) Alle Zutaten außer Mayo in einer großen Rührschüssel vermischen.
b) Fügen Sie jeweils ein wenig Mayonnaise hinzu, bis die gewünschte Konsistenz erreicht ist. Es ist einfacher hinzuzufügen als wegzunehmen.
c) Bis zum Servieren kalt stellen.
d) Auf knusprigem französischem Brot mit Cheddar-Käse oder auf grünem Blattsalat servieren.
e) Kein Salz nötig, da es reichlich aus den Oliven und Kapern gewonnen wird.
f) Benutzer

43.Olio Di Oliva Thunfischsalat

ZUTATEN:

- 1 5-Unzen-Dose Weißer Thunfisch, verpackt in Wasser
- 1/4 Tasse gewürfelte Tomate
- 1/4 Tasse gewürfelter Sellerie
- 1/8 Tasse gewürfelte Kalamata-Oliven
- 1 TL Kapern
- 1/4 TL trockenes Basilikum
- 1/4 TL trockener Oregano
- 1/4 TL trockene Petersilie
- 1 EL Olivenöl
- 1 1/2 EL Rotweinessig
- Salz und gemahlener Pfeffer nach Geschmack
- 2 TL Pinienkerne (optional)

ANWEISUNGEN:

a) Den Thunfisch aus der Dose gut abtropfen lassen.
b) In eine Schüssel geben und die restlichen Zutaten hinzufügen.
c) Zum Mischen vorsichtig umrühren.
d) Kühlen oder sofort essen.

44. Thunfisch-Tortellini-Salat

ZUTATEN:
- 1 (19-oz.) Packung gefrorene Käse-Tortellini
- 1 (12 oz.) Dose Weißer Thunfisch, abgespült und gut abgetropft
- 1/4 Tasse geschnittene grüne Oliven
- 1/4 Tasse geschnittene schwarze Oliven
- 1/4 Tasse gewürfelte rote Paprika
- 2 Esslöffel gehackte süße Zwiebel
- 2 Esslöffel gehackte frische Petersilie
- 2 Esslöffel Mayonnaise
- 1 Esslöffel Rotweinessig
- 1 Teelöffel Kräuter der Provence (oder 1 TL getrocknetes italienisches Gewürz)
- 1/4 Tasse Rapsöl
- Salz nach Geschmack
- Garnitur: frische Petersilienzweige

ANWEISUNGEN:
a) Tortellini nach Packungsanweisung kochen; Abfluss. Tauchen Sie es in Eiswasser, um den Kochvorgang zu stoppen. abtropfen lassen und in eine große Schüssel geben.
b) Thunfisch und die nächsten 5 Zutaten unterrühren.
c) Mayonnaise, Rotweinessig und Kräuter der Provence verrühren. Öl in einem langsamen, gleichmäßigen Strahl hinzufügen und ständig verrühren, bis eine glatte Masse entsteht.
d) Über die Tortellini-Mischung gießen und verrühren. Nach Geschmack Salz einrühren.
e) Abdecken und mindestens 25 Minuten kalt stellen. Nach Belieben garnieren.

45. Uptown Thunfischsalat

ZUTATEN:

- 2 Dosen Tongol- oder Weißer Thunfisch
- 1 mittelgroße Zwiebel, gehackt
- 2 Stangen Sellerie, in 0,6 cm große Würfel geschnitten
- 1 Ei, geschlagen
- 2 EL Sahne-Sherry
- 1 TL Cajun-Gewürz
- Olivenöl-Mayonnaise nach Geschmack
- 1 EL gewürfelte Pimente, abgetropft
- Natives Oliveröl extra
- Balsamico Essig
- 8–10 Unzen wilder Rucola, abgespült

ANWEISUNGEN:

a) In einem kleinen Topf die Zwiebel in etwas Olivenöl anbraten, bis sie weich wird.

b) Sellerie hinzufügen und weiter anbraten, bis die Zwiebel vollständig weich und leicht gebräunt ist.

c) Das geschlagene Ei dazugeben und unter Rühren weiterkochen, bis das Ei gar ist. Wärme abziehen.

d) Den Thunfisch gründlich abtropfen lassen und in eine mittelgroße Schüssel geben. 2 EL Olivenöl, Sherry, Piment und Cajun-Gewürz hinzufügen und vermischen.

e) Fügen Sie Mayonnaise bis zur gewünschten Cremigkeit hinzu, mindestens jedoch 2 EL. Mit der Ei-Zwiebel-Mischung vermengen.

f) Zum Servieren den Rucola auf 4 Vorspeiseteller verteilen. Mit Essig und Olivenöl beträufeln. Jeweils einen Klecks Thunfischsalat darauf geben.

ANDERE THUNFISCH-SALATE IN DOSEN

46. Salat aus sonnengetrockneten Tomaten und Thunfisch

ZUTATEN:
- 10 sonnengetrocknete Tomaten , eingeweicht und gewürfelt
- extra natives Olivenöl, 2 Esslöffel
- Zitronensaft, ½ Esslöffel
- 1 Knoblauchzehe, gehackt
- fein gehackte Petersilie, 3 Esslöffel
- 2 (5 oz) Dosen Thunfisch , geflockt
- 2 Sellerierippen, fein gewürfelt
- Eine Prise natriumarmes Salz und Pfeffer hinzufügen

ANWEISUNGEN:
a) Den gewürfelten Sellerie, die Tomaten, das native Olivenöl extra, den Knoblauch, die Petersilie und den Zitronensaft mit dem Thunfisch vermischen.
b) Mit Pfeffer und natriumarmem Salz würzen.

47. Italienischer Thunfischsalat

ZUTATEN:
- 10 sonnengetrocknete Tomaten
- 2 (5 oz) Dosen Thunfisch
- 1-2 Sellerierippen, fein gewürfelt
- 2 Esslöffel natives Olivenöl extra
- 1 Knoblauchzehe, gehackt
- 3 Esslöffel fein gehackte Petersilie
- 1/2 Esslöffel Zitronensaft
- Eine Prise natriumarmes Salz und Pfeffer hinzufügen

ANWEISUNGEN:

a)   Bereiten Sie die sonnengetrockneten Tomaten vor, indem Sie sie 30 Minuten lang in warmem Wasser einweichen, bis sie weich sind. Anschließend die Tomaten trocken tupfen und fein hacken.

b)   Den Thunfisch zerkleinern.

c)   Den Thunfisch mit gehackten Tomaten, Sellerie, nativem Olivenöl extra, Knoblauch, Petersilie und Zitronensaft vermischen. Fügen Sie natriumarmes Salz und Pfeffer hinzu.

48. Asiatischer Thunfischsalat

ZUTATEN:
- 2 (5 oz.) Dosen Thunfisch, abgetropft
- ½ Tasse geriebener Rotkohl
- 1 große geriebene Karotte
- 1 Knoblauchzehe, gehackt
- 1 TL rote Chiliflocken (optional)
- 1 TL Ingwer, gerieben
- 1 TL geröstetes Sesamöl
- 2 Esslöffel Olivenöl
- 3 Esslöffel Reisessig
- 1 TL Zucker
- 2 Esslöffel gehackter frischer Koriander
- 1 Frühlingszwiebel, gehackt
- Salz und schwarzer Pfeffer nach Geschmack

ANWEISUNGEN:
a) Alle Zutaten hinzufügen In eine Salatschüssel geben und gut vermischen.
b) Mit Brot oder auf Salatbechern servieren.

49. Römischer Thunfischsalat

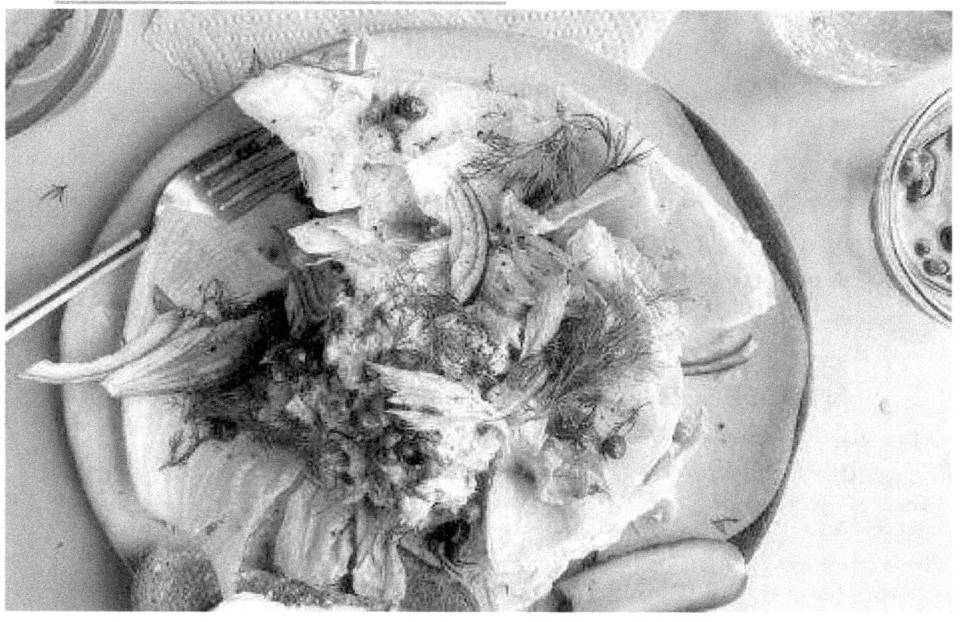

ZUTATEN:
- 1 Esslöffel Zitronensaft
- 2 Sellerierippen, fein gewürfelt
- 1 Knoblauchzehe, gehackt
- 3 Esslöffel Petersilie
- 2 Esslöffel natives Olivenöl extra
- 10 sonnengetrocknete Tomaten , oft in warmes Wasser gegeben und gehackt
- 10 Unzen. Dose Thunfisch, geflockt
- Eine Prise natriumarmes Salz und Pfeffer hinzufügen

ANWEISUNGEN:
a) in eine Rührschüssel geben .
b) Genießen.

50. Low-Carb- Vorspeisen -Thunfischsalat

ZUTATEN:
- 10 sonnengetrocknete Tomaten , eingeweicht und gewürfelt
- 2 (5 oz) Dosen Thunfisch , geflockt
- 1-2 Sellerierippen, fein gewürfelt
- 2 Esslöffel natives Olivenöl extra
- 1 Knoblauchzehe, gehackt
- 3 Esslöffel fein gehackte Petersilie
- ½ Esslöffel Zitronensaft
- Eine Prise natriumarmes Salz und Pfeffer hinzufügen

ANWEISUNGEN:
a) Den Thunfisch mit gehackten Tomaten, Sellerie, nativem Olivenöl extra, Knoblauch, Petersilie und Zitronensaft vermischen.
b) Fügen Sie natriumarmes Salz und Pfeffer hinzu.

51. Thunfischsalat-Mahlzeitzubereitung

ZUTATEN:
- 2 große Eier
- 2 (5 Unzen) Dosen Thunfisch in Wasser, abgetropft und in Flocken geschnitten
- ½ Tasse fettfreier griechischer Joghurt
- ¼ Tasse gewürfelter Sellerie
- ¼ Tasse gewürfelte rote Zwiebel
- 1 Esslöffel Dijon-Senf
- 1 Esslöffel süßes Gurkenrelish (optional)
- 1 Teelöffel frisch gepresster Zitronensaft oder mehr nach Geschmack
- ¼ Teelöffel Knoblauchpulver
- Koscheres Salz und frisch gemahlener schwarzer Pfeffer nach Geschmack
- 4 Bibb-Salatblätter
- ½ Tasse rohe Mandeln
- 1 Gurke, in Scheiben geschnitten
- 1 Apfel, in Scheiben geschnitten

ANWEISUNGEN:

a) Die Eier in einen großen Topf geben und 2,5 cm mit kaltem Wasser bedecken. Zum Kochen bringen und 1 Minute kochen lassen. Decken Sie den Topf mit einem dicht schließenden Deckel ab und nehmen Sie ihn vom Herd. 8 bis 10 Minuten ruhen lassen. Gut abtropfen lassen und abkühlen lassen, bevor man es schält und halbiert.

b) In einer mittelgroßen Schüssel Thunfisch, Joghurt, Sellerie, Zwiebeln, Senf, Relish, Zitronensaft und Knoblauchpulver vermischen. Mit Salz und Pfeffer abschmecken.

c) Verteilen Sie die Salatblätter in Meal-Prep-Behältern. Mit der Thunfischmischung belegen und die Eier, Mandeln, Gurken und Äpfel dazugeben. Im Kühlschrank 3 bis 4 Tage haltbar.

52. Kiwi- und Thunfischsalat

ZUTATEN:
- 1 Dose Thunfisch, abgetropft
- 2 Kiwis, geschält und in Scheiben geschnitten
- 1 kleine rote Zwiebel, in dünne Scheiben geschnitten
- 2 Esslöffel Olivenöl
- 1 Esslöffel Balsamico-Essig
- Salz und Pfeffer nach Geschmack
- Gemischte Salatblätter

ANWEISUNGEN:
a) In einer kleinen Schüssel Olivenöl und Balsamico-Essig verrühren, um das Dressing herzustellen.
b) In einer großen Schüssel Thunfisch, Kiwis, rote Zwiebeln und gemischte Salatblätter vermischen.
c) Das Dressing über den Salat gießen und vermengen.
d) Mit Salz und Pfeffer abschmecken.

53. Antipasti-Thunfischsalat

ZUTATEN:
- 1/2 Tasse Naturjoghurt
- 1/3 Tasse Mayonnaise
- 1/4 Tasse gehacktes Basilikum
- 1/4 TL Pfeffer
- 1/2 eine englische Gurke
- 1 Paprika
- 2 Tassen Kirschtomaten; halbiert
- 1 1/2 Tassen Bocconcini-Perlen
- 1/2 Tasse grüne Oliven mit Piment
- 2 EL abgetropfte und gehackte eingelegte Peperoni
- 2 Dosen Thunfischstücke, abgetropft
- Salatgemüse

ANWEISUNGEN:

a) In einer großen Schüssel Joghurt, Mayonnaise, Basilikum und Pfeffer vermischen.

b) Gründlich mischen.

c) Gurke, Paprika, Tomaten, Bocconcini, Oliven und Peperoni hinzufügen.

d) Zum Überziehen wenden.

e) Den Thunfisch mit einer Gabel vorsichtig unterrühren und in mundgerechten Stücken belassen.

f) Auf dem Gemüse servieren.

54. Artischocken-Thunfischsalat mit reifen Oliven

ZUTATEN:
- 2 Dosen heller Thunfisch, abgetropft und in Flocken geschnitten
- 1 Tasse gehackte Artischockenherzen aus der Dose
- 1/4 Tasse geschnittene Oliven
- 1/4 Tasse gehackte Frühlingszwiebeln
- 1/3 Tasse Mayonnaise
- 3 Knoblauchzehen, gehackt
- 2 Teelöffel Zitronensaft
- 1 1/2 Teelöffel gehackter frischer Oregano oder 1/2 Teelöffel getrocknet

ANWEISUNGEN:
a) In einer mittelgroßen Schüssel alle Zutaten vermischen.
b) Auf einem Salat- oder Spinatbett mit Tomatenscheiben servieren oder zum Füllen ausgehöhlter Tomaten oder Blätterteigschalen verwenden.

55. Ring-Makkaroni-Thunfisch-Salat

ZUTATEN:
- 1 (7 Unzen) Boxring-Makkaroni, zubereitet wie auf der Packung angegeben
- 1 (8 1/2 Unzen) Dose Le Sueur-Erbsen von Anfang Juni, abgetropft (oder 1 Tasse Green Giant Select Le Sueur gefrorene Babyerbsen, aufgetaut)
- 1 Tasse Sellerie, fein gewürfelt
- 2 (6 Unzen) Dosen Thunfisch, abgetropft
- 1/4 Tasse Zwiebeln, fein gewürfelt
- 1 Tasse Miracle Whip
- 1 Teelöffel Salz (oder weniger, je nach Geschmack)

ANWEISUNGEN:
a) Alle Zutaten vorsichtig vermischen und 2 bis 3 Stunden im Kühlschrank lagern.

56. Avocadosalat mit Thunfisch

ZUTATEN:
- 2 hartgekochte Eier
- 1 Avocado
- 1/2 EL Zitronensaft
- 8 Unzen Thunfisch
- 3 EL Mayonnaise
- 1/2 Tasse Zwiebel, gehackt
- 2 EL Dillgurken, gehackt
- 2 TL flüssige Peperonisauce
- 1 1/2 TL Salz
- 1 Salat, zerkleinert

ANWEISUNGEN:
a) In einer Schüssel hartgekochte Eier mit Avocado vermischen und mit Zitronensaft beträufeln, um Verfärbungen zu vermeiden.
b) Mit einer Gabel gut zerdrücken.
c) In einer Servierschüssel Thunfisch (abgetropft) mit Mayonnaise, gehackten Zwiebeln, gehackten Dillgurken, flüssiger Peperonisauce und Salz vermischen.
d) Die Eiermischung unterrühren.
e) Über zerkleinertem Salat servieren.

57. Barcelona-Reis-Thunfisch-Salat

ZUTATEN:
- 1/3 Tasse Olivenöl
- 1/2 Tasse Rotweinessig
- 1 Knoblauchzehe, fein gehackt
- 1/2 Teelöffel Salz
- 1 Esslöffel Dijon-Senf
- 2 1/2 Tassen gekochter Langkornreis
- 5-Unzen-Thunfisch aus der Dose, abgetropft
- 1/2 Tasse geschnittene grüne Oliven, gefüllt mit Piment
- 1 rote Paprika, entkernt, entkernt und in Scheiben geschnitten
- 1 mittelgroße Gurke, geschält und gehackt
- 1 Tomate, gehackt
- 1/4 Tasse gehackte frische Petersilie

ANWEISUNGEN:

a) Öl, Essig, Knoblauch, Salz und Dijon-Senf in einer kleinen Glasschüssel verrühren.

b) Die restlichen Zutaten außer der Petersilie vermischen, dann das Dressing dazugeben und vorsichtig verrühren.

c) Abdecken und im Kühlschrank marinieren lassen, dann vor dem Servieren Petersilie unterrühren.

58. Kalter Thunfisch-Nudelsalat mit Bowtie Mac

ZUTATEN:
- 1 (32-Unzen) Beutel große Fliege-Makkaroni
- 6 (6 Unzen) Dosen Thunfisch
- 1 Bund Sellerie
- 1 kleine Gurke
- 1 rote Zwiebel
- 2 Dosen schwarze Oliven
- 1 (10-12 Unzen) Glas Dillgurken
- Mayonnaise (auf Wunsch leichte Mayonnaise)
- Salz Pfeffer

ANWEISUNGEN:
a) Makkaroni nach Anleitung kochen.
b) Bereiten Sie während der Makkaronizubereitung auch die anderen Zutaten vor.
c) Sellerie in Scheiben schneiden, Gurken, Zwiebeln, Oliven und Gurke hacken.
d) Wenn die Makkaroni fertig sind, geben Sie sie in eine GROßE Schüssel.
e) Beginnen Sie mit etwa der Hälfte der Makkaroni und fügen Sie nach Bedarf weitere hinzu.
f) Den Thunfisch und die restlichen Zutaten zusammen mit Salz und Pfeffer untermischen.
g) Passen Sie die Mayonnaise nach Ihren Wünschen an. Genießen!

59. Thunfischsalat mit schwarzen Bohnen

ZUTATEN:
- 1 Dose Thunfisch, abgetropft
- 1 Dose schwarze Bohnen, abgetropft (nicht abgespült)
- 1 Tomate, gehackt
- Tofu (optional, nach Ihrem Ermessen)
- 1 Esslöffel (Alouette) Knoblauch-Kräuter-Streichkäse (z. B. Frischkäse oder Neufchatel)
- 1/4 Tasse Sahne
- Gemischter Salat
- Chili-Öl-Dressing (optional)

ANWEISUNGEN:
a) Fischfrikadellen und Sahne in eine Schüssel geben.
b) Thunfisch und schwarze Bohnen hinzufügen. Leicht mischen.
c) Die Mischung etwa 2–3 Minuten lang in der Mikrowelle erhitzen, bis die Fischfrikadellen geschmolzen sind. Aufsehen.
d) Salatgrün auf einen Teller legen.
e) Geben Sie eine Portion Bohnen und Thunfisch in die Mitte des Salats.
f) Tomaten darüberstreuen und etwas Tofu darüber streuen.
g) Bei Bedarf Dressing hinzufügen. (Probieren Sie ein hausgemachtes Chili-Öl-Dressing mit Sesamöl, Sojasauce und gewürfelten gerösteten Chilis. Umrühren und gießen)
h) Genießen!

60. Brauner Reis- und Thunfischsalat

ZUTATEN:
- 1 1/5 Tassen brauner Reis oder anderer Langkornreis
- 1/2 Tasse Balsamico-Essig
- 250 Gramm Gurken, ungeschält, in 1 cm große Würfel geschnitten
- 1/2 Tasse kleine Radieschen, halbiert
- 1 Selleriestange, gehackt
- 60 Gramm Baby-Rucolablätter
- 450 Gramm Thunfisch in Wasser, abgetropft und in Flocken geschnitten
- Pfeffer nach Geschmack (kein Salz, da Thunfisch bereits salzig genug ist)

ANWEISUNGEN:
a) Reis nach Packungsanweisung kochen, gut abtropfen lassen und 10 Minuten zum Abkühlen beiseite stellen.
b) Balsamico unter den Reis rühren und 15 Minuten ruhen lassen.
c) Alle anderen Zutaten zum Reis geben, mit Pfeffer abschmecken und vermengen.
d) Mit oder auf Schwarzbrotscheiben servieren.

61. Kichererbsen-Thunfisch-Salat

ZUTATEN:
DRESSING:
- 1 TL trockene Minze oder mehrere frische Minze
- 1/2 TL Knoblauchpulver oder je nach Geschmack frisch verwenden
- 1/4 TL gemahlener Zimt
- 1/2 TL Salz
- 1/3 Tasse Apfelessig
- 1/4 Tasse Lieblingsöl

GEMÜSE:
- 1 Tasse gewürfelter oder geschnittener Sellerie (einschließlich der oberen Blätter)
- 1/2 bis 1 ganze gewürfelte rote Paprika
- 8 Unzen Wasserkastanien aus der Dose, abgetropft
- 15 oz Dose Kichererbsen (Kichererbsen, Ceci), abgetropft und abgespült
- 1 Tasse dünn geschnittene rote Zwiebel
- 1 große Tomate, gewürfelt
- Thunfisch

ANWEISUNGEN:
a) Alle Zutaten für das Dressing hinzufügen und gründlich verrühren.
b) Alle Gemüse in einer großen Schüssel vermengen und das Dressing darübergießen.
c) Hält sich gut im Kühlschrank und schmeckt hervorragend, wenn man es einige Stunden lang mariniert.
d) Auf ein Grün-/Salatbett legen oder als frische Beilage servieren.
e) Fügen Sie Thunfischflocken oder gegrilltes Hähnchen hinzu, um eine herzhaftere Variante zu erhalten.

62. Gehackter Salat mit Thunfisch

ZUTATEN:
- 2 Esslöffel Weißweinessig
- 1/4 Teelöffel Salz
- 1/8 Teelöffel frisch gemahlener schwarzer Pfeffer
- 1/4 Tasse natives Olivenöl extra
- 1 Kopf Römersalat, in 2,5 cm große Stücke geschnitten
- 1 Dose Kichererbsen, abgetropft und abgespült
- 5-Unzen-Thunfisch aus der Dose, abgetropft und in Flocken geschnitten
- 1/2 Tasse schwarze Oliven, entkernt und in Scheiben geschnitten
- 1/2 rote Zwiebel, in 0,6 cm große Stücke geschnitten
- 2 Tassen frische krause Petersilie, grob gehackt

ANWEISUNGEN:
a) Essig in eine große Salatschüssel geben.
b) Salz und Pfeffer hinzufügen.
c) Geben Sie das Öl langsam in einem gleichmäßigen Strahl hinzu und verrühren Sie es, bis es emulgiert ist.
d) Die restlichen Zutaten in die Schüssel geben und gut vermischen.

63. Klassischer Salat Nicoise mit Thunfisch

ZUTATEN:
- 115 g grüne Bohnen (geputzt und halbiert)
- 115 g gemischte Salatblätter
- 1/2 kleine Gurke (in dünne Scheiben geschnitten)
- 4 reife Tomaten (geviertelt)
- 50 g Sardellen aus der Dose (abgetropft) – optional
- 4 Eier (hartgekocht und geviertelt ODER pochiert)
- 1 kleine Dose Thunfisch in Salzlake
- Salz und gemahlener schwarzer Pfeffer
- 50 g kleine schwarze Oliven – optional

DRESSING:
- 4 EL natives Olivenöl extra
- 2 Knoblauchzehen (zerdrückt)
- 1 EL Weißweinessig

ANWEISUNGEN:

a) Für das Dressing die letzten drei Zutaten verrühren, mit Salz und schwarzem Pfeffer abschmecken und dann beiseite stellen.

b) Kochen Sie die grünen Bohnen etwa 2 Minuten lang (blanchieren) oder bis sie leicht weich sind, und lassen Sie sie dann abtropfen.

c) In einer großen Schüssel Salatblätter, Gurken, Tomaten, grüne Bohnen, Sardellen, Oliven und Dressing vermischen.

d) Mit den geviertelten Eiern und den Thunfischflocken belegen (damit er seine Form nicht verliert).

e) Sofort servieren und genießen!

64. Couscous-Kichererbsen-Thunfisch-Salat

ZUTATEN:
- 2 TL Öl
- 1 Körbchen Kirschtomaten, halbiert
- 1 Tasse Couscous
- 1 Tasse Wasser, gekocht
- 80g Babyspinat
- 400 g abgetropfte Kichererbsen
- 185 g Thunfisch in Öl, abgetropft und in Flocken geschnitten
- 90 g Feta-Käse, zerbröselt
- 1/3 Tasse entkernte Kalamata-Oliven, in Scheiben geschnitten

DRESSING:
- 2 EL Olivenöl
- 1 EL Balsamico-Essig
- 2 EL Ahornsirup

ANWEISUNGEN:
a) Öl in einer mittelgroßen Pfanne auf höchster Stufe erhitzen. Tomaten hinzufügen, 1-2 Minuten kochen, bis sie weich sind, dann auf einen Teller geben.
b) Couscous in eine große Schüssel geben, mit Wasser bedecken und etwa 5 Minuten stehen lassen, bis die Flüssigkeit aufgesogen ist. Mit einer Gabel auflockern.
c) Dressing: Alle Zutaten in einem Krug verrühren und abschmecken.
d) Spinat, Kichererbsen, Thunfisch, Feta und Oliven zusammen mit den Tomaten und dem Dressing durch das Couscous mischen.
e) Mit knusprigem Brot servieren. Genießen!

65. Thunfisch-, Ananas- und Mandarinensalat

ZUTATEN:
- 20-Unzen-Ananasscheiben aus der Dose, 2 EL Saft aufbewahren
- 7-Unzen-Dose weißer Thunfisch, abgetropft
- 11-Unzen-Dose Mandarinen, abgetropft
- 1 mittelgroße Gurke, geschält und gewürfelt
- 1/4 Tasse gehackte Frühlingszwiebel
- Salatblätter zum Garnieren von Tellern
- 1 Tasse Mayonnaise
- 1 EL Zitronensaft

ANWEISUNGEN:
a) Die Ananasscheiben abtropfen lassen und 2 EL aufbewahren. für das Dressing.
b) In einer mittelgroßen Schüssel die großen Thunfischstücke zerkleinern und dann mit den Orangenstücken, der Gurke und den Frühlingszwiebeln vermengen.
c) 5 Salatteller mit Salatblättern auslegen.
d) Die Thunfischmischung über den Salat auf Tellern verteilen.
e) Belegen Sie jeden Teller mit 2 Ananasscheiben.
f) Für das Dressing 2 EL vermischen. Ananassaft mit Mayonnaise und Zitronensaft.
g) Jede Salatportion mit Dressing beträufeln und sofort servieren.

66. Frischer Thunfisch-Oliven-Salat

ZUTATEN:
- 1/2 Tasse gewürfelter Sellerie
- 1/2 Tasse gewürfelte spanische Zwiebel
- 1/4 Tasse gewürfelte Karotte
- 1/2 Lorbeerblatt
- 1/2 Tasse trockener Weißwein
- 2 Zitronenspalten
- 1 Zweig frischer Majoran
- 1 Zweig frischer Thymian
- 1 Pfund frischer Thunfisch ohne Haut, getrimmt
- 1/4 Tasse gewürfelte rote Paprika
- 1/4 Tasse in Scheiben geschnittene, entkernte, trocken gepökelte schwarze Oliven
- 3 Esslöffel Olivenöl
- 2 Esslöffel gehackte frische glatte Petersilienblätter
- 1 1/2 Esslöffel frisch gepresster Zitronensaft
- 1 Teelöffel scharfe Soße
- Salz und frisch gemahlener schwarzer Pfeffer

ANWEISUNGEN:

a) In einem mitte großen Topf 1/4 Tasse Sellerie, 1/4 Tasse Zwiebel, Karotte, Lorbeerblatt, Weißwein, Zitronenschnitze, Majoran, Thymian und 1 1/2 Tassen Wasser vermischen. Zum Kochen bringen, dann die Hitze reduzieren und 5 Minuten köcheln lassen.

b) Tauchen Sie den Thunfisch vorsichtig in die Flüssigkeit und pochieren Sie ihn etwa 12 bis 15 Minuten lang, bis er gar ist. Den Thunfisch herausnehmen und zum Abkühlen beiseite stellen. Sobald es abgekühlt ist, brechen Sie es in große Flocken.

c) Die Kochflüssigkeit durch ein feinmaschiges Sieb in einen anderen Topf abseihen. Entsorgen Sie die Feststoffe. Bringen Sie die abgesiebte Flüssigkeit zum Kochen und reduzieren Sie sie auf 1/4 Tasse, so dass sie fast sirupartig ist (10 bis 15 Minuten). Vom Herd nehmen und abkühler lassen.

d) In einer großen Schüssel den Thunfisch, die restlichen 1/4 Tasse Zwiebeln, rote Paprika, Oliven, Olivenöl, Petersilie, Zitronensaft, scharfe Soße und 2 Esslöffel der reduzierten Kochflüssigkeit vermischen. Entsorgen Sie die restliche Kochflüssigkeit.

e) Vorsichtig, aber gründlich vermischen und mit Salz und Pfeffer abschmecken.

f) Verwendung als Sandwichfüllung oder als Salatkomponente.

67.Thunfisch-Avocado-Pilz-Mango-Salat

ZUTATEN:
- Serena-Thunfischdosen (Portion abhängig von der Anzahl der Personen)
- Buttersalat
- Pilze
- Kirschtomater
- Zuckermais (Dose)
- Libanesische Gurke
- Mangos in der Dose
- Französisches Dressing

ANWEISUNGEN:
a) Waschen Sie alle Produkte und schneiden/reißen Sie den Salat in mundgerechte Stücke.
b) Schneiden Sie die anderen Zutaten nach Belieben ab.
c) Stellen Sie den Salat zusammen, indem Sie den Salat in die Schüssel geben, den Thunfisch gleichmäßig hinzufügen, dann Tomaten, Pilze, Gurken und Mangos schichten und das Dressing darüber träufeln.
d) Kein sofortiges Wenden oder Mischen, Servieren oder Essen erforderlich. Genießen!

68. Griechischer Rüben-Kartoffel-Salat

ZUTATEN:
- 1/4 Tasse Salatöl
- 2 Esslöffel guter Weinessig oder eine Mischung aus Essig und Zitronensaft
- 1/4 Teelöffel trockener Senf
- Frisch gemahlener Pfeffer
- 4 Tassen gewürfelte, heiß gekochte Kartoffeln
- 2 Tassen gewürfelte gekochte Rüben oder Rüben aus der Dose
- 1 mittelgroße Bermuda-Zwiebel, fein geschnitten
- 1 Esslöffel gehackte Kapern
- 1/4 Tasse gehackte Dillgurke
- 1/2 Tasse reife Oliven, in große Stücke geschnitten
- 1 1/2 Tassen grüne Erbsen, grüne Bohnen oder Thunfisch- oder Lachsflocken aus der Dose (nach Wahl)
- Garnitur (optional): Sardellen, grüne oder schwarze Oliven, Petersilienzweige

ANWEISUNGEN:
a) Geben Sie die ersten vier Zutaten in ein Schraubglas und schütteln Sie es kräftig, um es zu vermischen.
b) Über die Rüben, Kartoffeln, Zwiebeln und Erbsen gießen. Mischen, abdecken und über Nacht kühl stellen.
c) Kurz vor dem Servieren Erbsen, Bohnen, Thunfisch oder Lachs Ihrer Wahl hinzufügen.

69. Thunfischsalat nach griechischer Art

ZUTATEN:
- 1 Tasse Orzo, ungekocht
- 1 (6 1/8) Dose weißer Thunfisch, abgetropft und in Flocken geschnitten
- 2 Tassen gehackte Tomate
- 1/2 Tasse zerbröselter Feta-Käse
- 1/4 Tasse gehackte lila Zwiebel
- 3 Esslöffel in Scheiben geschnittene reife Oliven
- 1/2 Tasse Rotweinessig
- 2 Esslöffel Wasser
- 2 Esslöffel Olivenöl
- 1 Knoblauchzehe, gehackt
- 1/2 Teelöffel getrocknetes Basilikum
- 1/2 Teelöffel getrockneter Oregano
- Grüner Blattsalat (optional)

ANWEISUNGEN:

a) Orzo gemäß den Anweisungen in der Packung kochen; abtropfen lassen, mit kaltem Wasser abspülen und erneut abtropfen lassen.

b) Orzo, Thunfisch, Tomate, Feta, Zwiebeln und Oliven in einer großen Schüssel vermengen. Vorsichtig umrühren.

c) Essig, Wasser, Olivenöl, Knoblauch, Basilikum und Oregano im Behälter eines elektrischen Mixers vermischen. Abdecken und glatt rühren, dann über die Nudelmischung gießen und vorsichtig verrühren.

d) Abdecken und gründlich abkühlen lassen. Nach Belieben auf Salatblättern servieren.

70. Makkaronisalat nach hawaiianischer Art

ZUTATEN:
- 1 Schachtel Makkaroni nach Wahl
- 6 gekochte Eier
- 1 geriebene Karotte
- Weitere Beilagen nach Wunsch (Zwiebeln, Oliven, Thunfisch, gefrorene Erbsen, fein gehackter Sellerie, gekochte Garnelen in Salatgröße)
- Dressing: 1 Tasse Mayonnaise oder mehr, 2 Esslöffel Wasser, 1/2 TL Reisessig, Salz und Pfeffer nach Geschmack, 1/2 TL Currypulver (optional), 1/2 TL Paprika (optional), 2 Esslöffel Milch (optional), 1 Esslöffel Zucker (optional)

ANWEISUNGEN:
a) Makkaroni nach Packungsanweisung kochen, abspülen und kalt stellen.
b) Gekochte Eier hacken und zu den Makkaroni geben. Fügen Sie geriebene Karotten und alle weiteren Zutaten hinzu.
c) Alle Dressing-Zutaten miteinander vermischen. Passen Sie Mayonnaise oder Wasser nach Bedarf an.
d) Das Dressing mit der Makkaroni-Mischung vermischen, kühl stellen und servieren.

71. Gesunder Brokkoli-Thunfisch-Salat

ZUTATEN:
- 1 Kopf Brokkoli
- 1 Packung Thunfisch
- 1 Dose Kichererbsen
- Eine Handvoll Traubentomaten
- Eine halbe rote Zwiebel
- Olivenöl
- Zitronensaft
- Salz Pfeffer

ANWEISUNGEN:
a) Den Brokkoli waschen und in mundgerechte Stangen schneiden.
b) Kichererbsen abspülen, Thunfisch abtropfen lassen und Tomaten halbieren.
c) Rote Zwiebel in kleine Stücke schneiden.
d) Alle Zutaten vermischen, dann Olivenöl und Zitronensaft hinzufügen, um den Salat zu bestreichen.
e) Nach Geschmack Salz/Pfeffer hinzufügen. Genießen!

72. Gemischter Bohnen-Thunfisch-Salat

ZUTATEN:

- 1 Dose Great Northern Bohnen
- 1 Dose grüne Bohnen schneiden
- 1 Dose Kichererbsenbohnen
- 1 Dose rote Kidneybohnen
- 2 Dosen Thunfisch, in Wasser eingelegt, abgetropft
- 1 mittelsüße Zwiebel, grob gehackt
- 1/2 Tasse gehackte orange oder gelbe Paprika
- 2/3 Tasse Essig
- 1/2 Tasse Salatöl
- 1/4 Tasse Splenda oder Zucker
- 1 Teelöffel Selleriesamen

ANWEISUNGEN:

a) Alle Bohnen gut abspülen und in einer großen Schüssel mit gehackten Zwiebeln, Thunfisch und gehacktem Pfeffer vermengen.

b) Essig, Pflanzenöl, Zucker und Selleriesamen verrühren. Über das Gemüse gießen und leicht vermischen.

c) Abdecken und acht Stunden oder über Nacht im Kühlschrark lagern, dabei gelegentlich umrühren, um die Aromen zu verschmelzen.

73. Italienische Antipasti-Salatschüssel

ZUTATEN:

- 6 Unzen Artischockenherzen
- 8-3/4 Unzen Dose Kichererbsen, abgetropft
- 8-3/4 Unzen Dose rote Kidneybohnen, abgetropft
- 6 1/2 Unzen Dose heller Thunfisch in Wasser, abgetropft und in Flocken geschnitten
- 1/2 süße rote Zwiebel, in dünne Scheiben geschnitten
- 3 Esslöffel italienisches Salatdressing
- 1/2 Tasse Sellerie, in dünne Scheiben geschnitten
- 6 Tassen gemischter Salat
- 2 Unzen Sardellen, abgetropft
- 3 Unzen trockene Salami, in dünne Streifen geschnitten
- 2 Unzen Fontina-Käse, in Würfel geschnitten
- Eingelegte rote und grüne Paprika zum Garnieren

ANWEISUNGEN:

a) Artischocke und Marinade mit Bohnen, Thunfisch, Zwiebeln und 2 Esslöffeln Dressing vermischen.
b) Abdecken und 1 Stunde oder länger im Kühlschrank lagern, um die Aromen zu vermischen.
c) In einer großen Salatschüssel die marinierte Mischung leicht mit Sellerie und Salatgrün vermischen.
d) Bei Bedarf noch etwas Dressing aus der Flasche untermischen.
e) Sardellen, Salami und Käse darauf anrichten und mit Paprika garnieren. Sofort servieren.

74.Japanischer Thunfisch-Harusume-Salat

ZUTATEN:
- 50 g Harusume-Nudeln (Bohnenfadennudeln/Glasnudeln oder Reisnudeln)
- 1 kleine Thunfischkonserve
- 1/2 kleine Gurke (in dünne Scheiben geschnitten)
- 1 TL japanischer eingelegter Ingwer (optional)
- Algenstreifen (optional)
- Frühlingszwiebel/Frühlingszwiebel/Grünzwiebel (optional)
- Sesamsamen (optional)
- Soße: 1 TL Sesamöl, 2 TL helle Sojasauce/Tamari, 1 TL Mirin, Salz nach Geschmack

ANWEISUNGEN:
a) Nudeln in kochendem oder heißem Wasser einweichen, bis sie durchscheinend sind (3-4 Minuten oder 15 Minuten).
b) Salz über die Gurkenscheiben streuen und beiseite stellen.
c) Nudeln unter kaltem Wasser abspülen und abtropfen lassen. Den Thunfisch aus der Dose auf den Nudeln verteilen.
d) Gurkenscheiben (und nach Wunsch eingelegten Ingwer) hinzufügen.
e) Die Soße über die Nudeln gießen, mit Salz und Pfeffer würzen und verrühren, bis alles gut bedeckt ist.
f) Mit Algenstreifen, geschnittenen Frühlingszwiebeln und Sesamkörnern garnieren.
g) Sofort servieren.

75. Thunfisch-Sardellen-Salat Nicoise

ZUTATEN:
- 8 kleine rote Kartoffeln (gekocht)
- 2 Pfund grüne Bohnen (blanchiert)
- 10 ovale Kirschtomaten
- 1 kleine lila Zwiebel (in dünne Scheiben geschnitten)
- 1/2 Tasse Oliven (entkernt)
- 6 hartgekochte Eier (geviertelt)
- 2 Dosen 12 oz weißer Thunfisch (in Öl eingelegt)
- 2 Unzen Sardellenfilets (optional)
- Dressing: 1 EL Dijon-Senf, 4 EL Rotweinessig, 1/2 Tasse Olivenöl, 1 TL Zucker, 1/2 TL Salz, 1/2 TL Pfeffer, 1/4 Tasse fein gehackte glatte Petersilie

ANWEISUNGEN:

a) Kartoffeln kochen, nach dem Abkühlen vierteln. Eier kochen und vierteln. Bohnen blanchieren und abkühlen lassen.

b) Senf und Essig glatt rühren. Olivenöl in einem langsamen Strahl hinzufügen und verrühren, bis es eindickt. Zucker, Salz, Pfeffer und gehackte Petersilie hinzufügen.

c) Mischen Sie den Salat, gießen Sie den größten Teil des Dressings darüber, verteilen Sie die Eier rund um die Schüssel, legen Sie den Thunfisch in die Mitte und träufeln Sie das restliche Dressing über den Thunfisch und die Eier.

76. Übrig gebliebener Mac-Salat zum Thunfisch-Mittagessen

ZUTATEN:
- 1 qt übrig gebliebener Makkaronisalat (evtl. Salat entfernen)
- 1 Dose Thunfisch
- 1 Tasse Wasser
- 1/2 Päckchen Käsepulver
- Pfeffer
- Gewürzsalz

ANWEISUNGEN:
a) Wasser kochen.
b) Thunfisch hinzufügen.
c) Den Makkaronisalat hinzufügen und gut umrühren. Nochmals zum Kochen bringen.
d) 1/2 Käsepäckchen hinzufügen.
e) Mit Pfeffer und Gewürzsalz abschmecken.
f) Genießen!

77. Gekochter Eier-Thunfisch-Salat

ZUTATEN:
- 2 Pakete Thunfisch
- 2 hartgekochte Eier
- 3 EL Mayonnaise
- 1/2 EL Ranch-Dressing
- 1/2 EL französischer Zwiebelchip-Dip
- 1/2 EL Relish (gehackt)
- Prise Speckstücke
- Prise Knoblauchpulver
- Prise Cajun-Gewürz
- Prise Pfeffer

ANWEISUNGEN:
a) Alle Zutaten in einer Schüssel verrühren.
b) Für den besten Geschmack und die beste Konsistenz 30 Minuten kalt stellen.
c) Allein oder auf geröstetem Brot genießen.

78. Mediterraner Thunfisch-Antipasti-Salat

ZUTATEN:
- 1 Dose Bohnen (Kichererbsen, Schwarzaugenerbsen oder Cannellinibohren), abgespült
- 2 Dosen oder Packungen mit Wasser gefüllte, helle Thunfischstücke, abgetropft und in Flocken geschnitten
- 1 große rote Paprika, fein gewürfelt
- 1/2 Tasse fein gehackte rote Zwiebel
- 1/2 Tasse gehackte frische Petersilie, geteilt
- 4 Teelöffel Kapern, abgespült
- 1 1/2 Teelöffel fein gehackter frischer Rosmarin
- 1/2 Tasse Zitronensaft, geteilt
- 4 Esslöffel natives Olivenöl extra, geteilt
- Frisch gemahlener Pfeffer nach Geschmack
- 1/4 Teelöffel Salz
- 8 Tassen gemischter Salat

ANWEISUNGEN:
a) Bohnen, Thunfisch, Paprika, Zwiebeln, Petersilie, Kapern, Rosmarin, 1/4 Tasse Zitronensaft und 2 Esslöffel Öl in einer mittelgroßen Schüssel vermischen.
b) Pfeffern.
c) Den restlichen 1/4 Tasse Zitronensaft, 2 Esslöffel Öl und Salz in einer großen Schüssel vermischen.
d) Salatgrün hinzufügen; Zum Überziehen werfen.
e) Das Gemüse auf vier Teller verteilen und jeden mit dem Thunfischsalat belegen.

79. Mittelmeer-Thunfisch-Salat

ZUTATEN:
- In Olivenöl verpackter italienischer Thunfisch (in großen Mengen bei Costco kaufen)
- Etwa eine Tasse Gerste (bereits gekocht)
- Traubentomaten (gehackt)
- Kapern
- Schwarze runzlige Oliven (entkernt und grob gehackt)
- Rucola
- Zitronensaft
- Natives Olivenöl extra
- Salz
- Frisch gemahlener schwarzer Pfeffer

ANWEISUNGEN:
a) Alle Zutaten in einer Schüssel vermischen und vorsichtig verrühren.
b) Fügen Sie je nach persönlichem Geschmack so viel oder so wenig davon hinzu, wie Sie möchten.
c) Mit ein paar Stücken Vollkorn-Knäckebrot servieren.

80. Geladener Nicoise-Salat

ZUTATEN:
- 1 Kopf Römersalat, in kleine Stücke gerissen
- 1 Kopf Boston- oder Bibb-Salat
- 2 oder 3 Dosen Thunfisch, abgetropft
- 1 Dose Artischockenherzen, abgetropft
- 1 Tasse Traubentomaten
- 6-8 Frühlingszwiebeln, geputzt
- 6-8 kleine neue rote Kartoffeln, gedünstet, in der Schale belassen
- 1 Dose Sardellenfilets, in Milch eingeweicht, trocken getupft
- 3/4 Pfund frische grüne Bohnen, blanchiert
- 4 hartgekochte Eier, geviertelt
- 2 Schalotten, gehackt
- 1 Knoblauchzehe, zerdrückt
- 1,5 TL Salz
- Frisch gemahlener schwarzer Pfeffer
- 2 EL Dijon-Senf
- 1/3 Tasse Rotweinessig
- 2/3 Tasse mildes natives Olivenöl extra
- 3 EL Kapern, abgetropft (als Garnitur reserviert)

ANWEISUNGEN:

a) Bereiten Sie den Salat wie angegeben zu und sorgen Sie für knusprige Bohnen und zarte Kartoffeln.

b) Bereiten Sie das Salatdressing zu, indem Sie Schalotte, Knoblauch, Senf, Salz und Pfeffer mit Essig verquirlen.

c) Unter Rühren langsam Öl hinzufügen.

d) Gekochte, erwärmte Kartoffeln mit 2 EL vorbereitetem Dressing vermengen.

e) Grüne Bohnen mit einem knappen Esslöffel Dressing vermischen.

f) Stellen Sie den Salat zusammen und arrangieren Sie Salat, Thunfisch, Eier und mehr. Mit Dressing beträufeln.

g) Mit Kapern garnieren. Mit dem restlichen Dressing als Beilage servieren.

81. Apfel-, Cranberry- und Eier-Thunfischsalat

ZUTATEN:
- 2 kleine Dosen Thunfisch in großen Stücken in Wasser
- 3 große Eier
- 1 kleine oder 1/2 große gelbe Zwiebel
- 2 sehr volle EL süßes Relish
- 1 kleiner Granny-Smith-Apfel
- 3 EL getrocknete Cranberries
- 3 EL Mayonnaise
- 1 EL scharfer oder brauner Senf
- Salz und Pfeffer nach Geschmack
- 1 EL Zitronensaft
- 1 TL Petersilienflocker
- 1/4 TL Paprika

ANWEISUNGEN:
a) Eier 10 Minuten kochen; abkühlen lassen, schälen und würfeln.
b) Das Thunfischwasser abgießen.
c) Geben Sie den Thunfisch in eine Rührschüssel und zerkleinern Sie ihn mit einem Holzlöffel, sodass große Stücke entstehen.
d) Den Apfel schälen, entkernen, auf einer groben Reibe reiben und in die Schüssel geben.
e) Die Zwiebel fein hacken und in die Schüssel geben.
f) Die restlichen Zutaten dazugeben und vorsichtig vermischen, dabei darauf achten, dass sie nicht zerstampfen.
g) Lassen Sie es 10–15 Minuten im Kühlschrank stehen.
h) Mit frischem Brot oder auf einem Salatblatt servieren.

82. Nudelsalat mit gegrilltem Thunfisch und Tomaten

ZUTATEN:
- 8 Pflaumentomaten, insgesamt etwa 1 1/4 Pfund, der Länge nach halbiert
- 2 EL. plus 1/2 Tasse Olivenöl
- Salz und frisch gemahlener Pfeffer nach Geschmack
- 1 Pfund Nudelschalen
- 2 Pfund Thunfischfilets, jedes etwa 3/4 Zoll dick
- 1 Tasse lose verpackte frische Basilikumblätter
- 3 EL. Rotweinessig
- 1 Pfund frischer Mozzarella-Käse, fein gewürfelt
- 1/4 Tasse gehackte frische glatte Petersilie

ANWEISUNGEN:

a) Heizen Sie einen Ofen auf 450 °F vor. Bereiten Sie ein heißes Feuer in einem Grill vor.

b) Die Tomaten auf ein Backblech legen und mit 1 EL vermengen. des Olivenöls. Mit der Schnittfläche nach oben auf dem Blech anrichten und mit Salz würzen. Etwa 20 Minuten rösten, bis es weich ist. Abkühlen lassen, dann quer halbieren.

c) In der Zwischenzeit einen großen Topf, der zu drei Vierteln mit Salzwasser gefüllt ist, bei starker Hitze zum Kochen bringen. Fügen Sie die Nudeln hinzu und kochen Sie sie etwa 10 Minuten lang al dente (zart, aber bissfest). Abgießen, unter fließendem kaltem Wasser abspülen und erneut abtropfen lassen. Beiseite legen.

d) Beide Seiten der Thunfischfilets mit 1 EL bestreichen. des Öls. Gut mit Salz und Pfeffer würzen. Auf den Grillrost 10 bis 15 cm über dem Feuer legen und ca. 3 Minuten grillen, bis es leicht gebräunt ist. Wenden und weitere 3 bis 4 Minuten bei mittlerer Hitze kochen, oder bis es nach Ihrem Geschmack fertig ist. Auf ein Schneidebrett geben, abkühlen lassen und in 3/4-Zoll-Würfel schneiden.

e) In einer Küchenmaschine oder einem Mixer die Basilikumblätter und die restliche halbe Tasse Öl vermischen. Pulsieren oder mixen, bis ein grobes Püree entsteht. Den Essig hinzufügen und mit Salz und Pfeffer würzen. Pulsieren oder mixen, bis alles gut vermischt ist.

f) In einer großen Schüssel Nudeln, Tomaten und eventuell angesammelten Saft, Thunfisch, Mozzarella, Petersilie und Basilikum-Dressing vermischen.

g) Vorsichtig umrühren und servieren. Für 8 Personen.

83. Penne-Salat mit drei Kräutern, Kapern und Thunfisch

ZUTATEN:
- 6 Unzen Dose mit Olivenöl eingelegter Thunfisch, abgetropft
- 1-1/2 Teelöffel Salz
- 1/2 Pfund Penne-Nudeln
- 2 Esslöffel frischer Zitronensaft
- 2 Esslöffel natives Olivenöl extra
- 1/2 Teelöffel frisch gemahlener Pfeffer
- 1/4 Tasse gehackte frische glatte Petersilie
- 1/4 Tasse gehacktes frisches Basilikum
- 1/4 Tasse gehackter frischer Koriander
- 2 Teelöffel Kapern, abgespült und abgetropft

ANWEISUNGEN:
a) Den Thunfisch in eine kleine Schüssel geben, mit einer Gabel in Flocken brechen und beiseite stellen.
b) Einen großen Topf mit Wasser zum Kochen bringen.
c) Penne und 1 Teelöffel Salz hinzufügen und dann ca. 12 Minuten al dente kochen. Abgießen und in eine große Servierschüssel geben.
d) Zitronensaft, Olivenöl, restliches Salz und Pfeffer hinzufügen und vermengen.
e) Thunfisch, Petersilie, Basilikum, Koriander und Kapern hinzufügen und vorsichtig vermischen.
f) Abschmecken und nachwürzen, dann abdecken und im Kühlschrank etwa 1 Stunde abkühlen lassen.
g) Bei Zimmertemperatur servieren.

84. Bohnen-, brauner Reis- und Thunfischsalat

ZUTATEN:
- 1 Dose rote Kidneybohnen
- 1 Dose Cannellini-Bohnen
- 1 Dose guter wassergefüllter Thunfisch
- Etwa 1 1/2 Tassen al dente gekochter brauner Reis, abgekühlt
- Saft einer halben großen Zitrone
- 2 Esslöffel gehacktes frisches Basilikum
- Salz und Pfeffer nach Geschmack

ANWEISUNGEN:
a) Bohnen abtropfen lassen, abspülen und mit dem abgetropften Thunfisch in einer mittelgroßen Schüssel vermischen.
b) Gekochten Reis hinzufügen.
c) In einer kleinen Schüssel Zitronensaft, Basilikum, Salz und Pfeffer verquirlen.
d) Beträufeln und vermischen, bis die Bohnen bedeckt sind – die Bohnen nicht zerdrücken!
e) Und du bist fertig, mein Freund.

85. Kartoffelsalat mit Thunfisch

ZUTATEN:
- 5-6 Kartoffeln
- 1 Dose Thunfisch
- 1 Tasse Mayonnaise
- 1 Esslöffel Olivenöl
- 2 Esslöffel fein gehackte Frühlingszwiebel und Petersilie
- Zitronensaft (optional)
- Salz und schwarzer Pfeffer nach Geschmack

ANWEISUNGEN:
a) Die Kartoffeln waschen und in Wasser und Salz kochen.
b) Die gekochten Kartoffeln schälen und in kleine Stücke schneiden.
c) Geben Sie die Kartoffeln in eine Schüssel und fügen Sie den zuvor abgetropften Thunfisch hinzu.
d) Mayonnaise, Öl, Zwiebel, Petersilie, Zitronensaft, Salz und Pfeffer nach Geschmack hinzufügen.
e) Alle Zutaten gut vermischen, die Schüssel mit Plastikfolie abdecken und bis zum Servieren im Kühlschrank aufbewahren.

86. Altmodischer Thunfischsalat

ZUTATEN:
- 1 12-Unzen-Dose hellen Thunfisch in Stücke schneiden; gekühlt, gut abgetropft
- 1/4 Tasse fein gewürfelter Sellerie
- 2 Esslöffel fein gehackte Frühlingszwiebeln
- 1 Esslöffel fein gewürfelte Zwiebel
- 2 Esslöffel fein gewürfelte Brot- und Buttergurken
- 1 Esslöffel fein gewürfelte süße Gurken
- 1 fein gehacktes hartgekochtes Ei
- 3 Esslöffel Mayonnaise
- 1/3 Teelöffel grob gemahlener Senf
- 1 Esslöffel Brot- und Buttergurkensaft
- 1 Teelöffel frischer Zitronensaft
- 1/4 Teelöffel Selleriesalz
- 1/8 Teelöffel frisch gemahlener schwarzer Pfeffer
- 1/8 Teelöffel getrocknete Thymianblätter

ANWEISUNGEN:

a) Den Thunfisch gründlich abtropfen lassen und alle Stücke zerkleinern.

b) Sellerie, Frühlingszwiebel, Zwiebel, Brot- und Buttergurken und süße Gewürzgurken würfeln und vermengen, bis alles gut vermischt ist.

c) Die Gemüsemischung mit den Thunfischflocken vermengen.

d) Fügen Sie das gewürfelte hartgekochte Ei hinzu und rühren Sie die Mischung um, bis alle Zusätze gleichmäßig verteilt sind.

e) Alle restlichen Dressing-Zutaten in einer Schüssel vermischen. Abschmecken und Gewürze anpassen.

f) Das Dressing vorsichtig unter den Thunfisch heben, bis der Salat gut vermischt und homogen ist.

g) Bis zur Verwendung in Salaten oder Sandwiches fest verschlossen im Kühlschrank aufbewahren.

87. Risotto-Reissalat mit Artischocken, Erbsen und Thunfisch

ZUTATEN:
- 1 Tasse DeLallo Arborio-Reis
- 1 (5,6 Unzen) Dose importierter italienischer Thunfisch, verpackt in Olivenöl, das Öl aufbewahren
- 1 (12-Unzen) Glas marinierte DeLallo-Artischockenherzen, geviertelt (die Flüssigkeit aufbewahren)
- 6 Unzen gefrorene grüne Erbsen, aufgetaut
- Schale von 1 Zitrone
- 2 Esslöffel gehacktes Basilikum
- Salz und Pfeffer

ANWEISUNGEN:

a) Bringen Sie einen großen Topf mit Salzwasser zum Kochen und geben Sie dann das Risotto hinein. Rühren Sie den Reis um und kochen Sie ihn etwa 12 Minuten lang al dente.

b) Lassen Sie den Reis in einem Sieb abtropfen und spülen Sie ihn mit kaltem Wasser ab, um überschüssige Stärke zu entfernen. Sehr gut abtropfen lassen und zum Abkühlen beiseite stellen.

c) Sobald das Risotto abgekühlt ist, in eine große Rührschüssel geben. Thunfisch, Artischocken und Erbsen unterrühren. Für das Dressing unbedingt das Öl des Thunfischs und die Marinade der Artischocken hinzufügen.

d) Zitronenschale und frisches Basilikum untermischen. Salz und Pfeffer nach Geschmack.

e) Kalt servieren.

88. Süßer und nussiger Thunfischsalat

ZUTATEN:
- 2 Esslöffel gehackte Pekannüsse, Walnüsse oder Mandeln
- 10 rote kernlose Weintrauben, geviertelt
- 2 Esslöffel gewürfelte rote Zwiebel
- 1 Dose Thunfisch
- 1/2 Tasse Miracle Whip oder Mayonnaise

ANWEISUNGEN:
a) Alle Zutaten vermischen und genießen!

89. Thunfisch-Mac-Salat

ZUTATEN:
- 7 Unzen Elbow Mac, gekocht, abgetropft
- 1/2 Tasse gehackter Sellerie
- 1/4 Tasse gehackte Zwiebel
- 1/4 Tasse gehackter grüner Pfeffer
- 1-1/2 Tassen gefrorene gemischte Erbsen und Karotten, aufgetaut
- 1 Esslöffel Dillgurkensaft
- 1-1/2 Teelöffel Salz
- 1-6-1/2 Unzen Thunfisch aus der Dose, abgetropft und in Flocken geschnitten
- 3/4 Tasse Salatdressing im Sandwich-Stil

ANWEISUNGEN:

a) Mischen Sie das Dressing in der Schüssel, fügen Sie dann den Rest hinzu und vermischen Sie es.

90. Scharfer und herber Thunfischsalat

ZUTATEN:
- 3 Unzen Thunfisch in Wasser verpackt, abgetropft
- 1 Esslöffel getrocknete, gesüßte Cranberries
- 1/4 Sellerierippe, fein gehackt
- 2 Esslöffel fettfreier Miracle Whip
- 1/2 Teelöffel schwarzer Pfeffer
- 1 Teelöffel zubereiteter Senf

ANWEISUNGEN:

a) Geben Sie alle Zutaten in eine Schüssel und verrühren Sie alles, bis alles gut vermischt ist.

b) Über Nudeln, in Pitas, auf Salat oder in Wraps servieren!

91. Fettarmer italienischer Thunfischsalat

ZUTATEN:
- 1 Dose 5 Unzen heller Thunfisch, abgetropft
- 1 Esslöffel Balsamico-Essig (nach Geschmack anpassen)
- 1 Teelöffel frischer Zitronensaft
- 1 Teelöffel Zitronenschale
- 1 Esslöffel Kapern
- Salz und Pfeffer nach Geschmack
- 1 Tasse Salat, in kleinere Stücke geschnitten
- 1/2 mittelgroße Tomate, halbiert und in Scheiben geschnitten
- 1/2 mittelgroße Gurke, geschält und in Scheiben geschnitten und erneut halbiert

ANWEISUNGEN:
a) Thunfisch und die nächsten fünf Zutaten vermischen.
b) Thunfischsalat über Salat, Tomaten und Gurken geben.
c) Alle Zutaten leicht vermischen und servieren.

92. Thunfisch-Spinat-Salat

ZUTATEN:
- 1 Dose weißer Thunfisch
- 1 Tüte frische Spinatblätter
- 1 Dose Zuckermais
- Weißkäse (kann durch Cheddar ersetzt werden)
- 2 frische Tomaten (oder ein Tablett Kirschtomaten)
- Olivenöl
- Essig
- Salz Pfeffer

ANWEISUNGEN:

a) Die Spinatblätter waschen und in eine große Schüssel geben.

b) Fügen Sie den Thunfisch und den Zuckermais (ohne Flüssigkeit) hinzu.

c) Fügen Sie den in Würfel geschnittenen Käse und die in Viertel geschnittenen Tomaten hinzu (bei Kirschtomaten diese halbieren).

d) Salz, Essig und Olivenöl hinzufügen (unbedingt in dieser Reihenfolge).

e) Fügen Sie nach Belieben Pfeffer hinzu.

f) Sie können auch Rosinen und Avocado hinzufügen, sehr mediterran.

93. Thunfisch-Pfeffer-Nudelsalat

ZUTATEN:
- 2 Esslöffel fettfreier Naturjoghurt
- 2 Esslöffel gehacktes frisches Basilikum
- 2 Esslöffel Wasser
- 1 1/2 Teelöffel Zitronensaft
- 1 Knoblauchzehe, gehackt
- Frisch gemahlener Pfeffer (nach Geschmack)
- 2/3 Tasse geröstete rote Paprika, gehackt und geteilt
- 1/2 Tasse fein gehackte rote Zwiebel
- 4 Unzen helles Thunfischstück in Wasser, abgetropft
- 4 Unzen Brokkoliröschen, gedämpft, bis sie knusprig und zart sind, und geschockt
- 6 Unzen Vollkorn-Penne, gekocht und abgetropft

ANWEISUNGEN:
a) Joghurt, Basilikum, Wasser, Zitronensaft, Knoblauch, Salz, Pfeffer und die restlichen 1/3 Tasse roten Paprika in einen Mixer geben und glatt pürieren.
b) In einer großen Schüssel die restlichen Paprika, Zwiebeln, Thunfisch, Brokkoli und Nudeln vermengen.
c) Die Pfeffersauce dazugeben und gut vermischen. Vor dem Servieren kalt stellen.

94. Thunfisch-Apfel-Salat

ZUTATEN:
- 6-Unzen-Dose Thunfisch in Wasser, gut durchlässig
- 1 mittelgroßer Granny-Smith-Apfel, entkernt, geschält und in sehr kleine Stücke geschnitten
- 1/4 Tasse Dill-Gurken-Relish
- 1/8 Teelöffel Salz
- 8 Unzen Naturjoghurt

ANWEISUNGEN:
a) Alle Zutaten vermischen und dann 2 Stunden kalt stellen.
b) Über dem Gemüse servieren.

95. Thunfisch-Avocado-Nudelsalat mit 4 Bohnen

ZUTATEN:

- 400 g Thunfisch aus der Dose, abgetropft
- 300 g Dose 4-Bohnen-Mischung, abgetropft
- 1 mittelgroße Tomate, gehackt
- 1 Avocado, entkernt, geschält und grob gewürfelt
- 100g Nudeln, ungekocht
- 1 kleine rote Zwiebel, fein gewürfelt (optional)

ANWEISUNGEN:

a) In einem Topf die Nudeln nach Packungsanweisung kochen, bis sie gerade weich sind. Nudeln abgießen und beiseite stellen.

b) Bereiten Sie in der Zwischenzeit das gesamte Gemüse vor, vermischen Sie dann in einer großen Salatschüssel alle Zutaten gründlich und fügen Sie die Nudeln hinzu. Durchrühren.

c) Den Salat nach Belieben salzen und pfeffern und so schnell wie möglich servieren.

96. Thunfisch-Orzo-Salat

ZUTATEN:
- 3 Tassen Hühnerbrühe
- 1 Tasse Orzo
- 1/4 Tasse Rotweinessig
- Salz und Pfeffer nach Geschmack
- 2 (6 oz) Dosen mit Olivenöl eingelegter Thunfisch, abgetropft und das Öl beiseite gestellt
- 1 (15 oz) Dose Kichererbsen, abgetropft
- 1 Tasse Traubentomaten, halbiert
- 1 gelbe oder rote Paprika, gewürfelt
- Eine halbe rote Zwiebel, fein gewürfelt
- 1/2 Tasse frisches Basilikum, gehackt
- 1/2 Tasse zerbröselter Feta-Käse

ANWEISUNGEN:

a) Die Hühnerbrühe in einem Topf zum Kochen bringen und den Orzo dazugeben. Bissfest kochen, dann abgießen und etwas abkühlen lassen.

b) In einer großen Schüssel den Rotweinessig mit Salz und Pfeffer würzen. Mischen, bis sich das Salz auflöst.

c) Das zurückbehaltene Öl des Thunfischs unterrühren, dann den gekochten Orzo dazugeben und vermischen.

d) Kichererbsen, Traubentomaten, Paprika, rote Zwiebeln und Basilikum zur Orzo-Mischung hinzufügen.

e) Den Thunfisch zerkleinern und zusammen mit dem zerbröckelten Feta zum Salat geben. Vorsichtig umrühren und vermengen.

f) Servieren Sie den Thunfisch-Orzo-Salat und fügen Sie ggf. einen leichten Schuss Balsamico-Essig hinzu.

97. Thunfisch-Tomaten-Avocado-Salat

ZUTATEN:
- 2 (6 Unzen) Dosen Thunfisch
- 1 Tomate, entkernt und gewürfelt
- 2 Avocados, 1 gewürfelt, 1 püriert
- 1 Knoblauchzehe
- 1 EL Weißweinessig
- Prise Cayennepfeffer
- Prise Salz
- Prise schwarzer Pfeffer

ANWEISUNGEN:

a) Eine Avocado mit Knoblauch, Essig, Cayennepfeffer, Salz und schwarzem Pfeffer pürieren.

b) Lassen Sie den Thunfisch abtropfen und vermengen Sie ihn mit dem Püree, den Tomatenwürfeln und den anderen Avocadowürfeln.

98. Thunfisch-Waldorfsalat mit Apfel

ZUTATEN:
- 1 Dose (5 oz) weißer Thunfisch in Wasser
- 1/4 große Birne (oder Apfel)
- 1/4 Tasse (1 oz) gehackte Walnüsse, roh (auf Wunsch auch geröstet)
- 1/4 Tasse rote Zwiebel, gewürfelt
- 2 EL fettarme Mayonnaise
- 1 EL Zitronensaft
- 2 Salatblätter zum Servieren

ANWEISUNGEN:
a) Den Thunfisch abtropfen lassen.
b) Zwiebel, Birne (oder Apfel) und Walnüsse hacken.
c) Mayonnaise und Zitronensaft vermischen.
d) Alle Zutaten in eine Schüssel geben und gut vermischen.
e) Den Salat vor dem Servieren abkühlen lassen und auf einem Salatblatt servieren.

99. Thunfisch-Kichererbsen-Salat mit Pesto

ZUTATEN:
- 2 Dosen (je 15,5 Unzen) Kichererbsen, grob gehackt
- 1 Glas (12 oz) geröstete rote Paprika, abgetropft und in dünne Scheiben geschnitten
- 24 schwarze Oliven, entkernt und grob gehackt
- 2 Stangen Sellerie, in dicke Scheiben geschnitten
- 3 Dosen (je 6 oz) Thunfisch, abgetropft
- 5 EL gekauftes Pesto
- 1/2 TL koscheres Salz
- 1/4 TL schwarzer Pfeffer

ANWEISUNGEN:
a) In einer großen Schüssel Kichererbsen, rote Paprika, Oliven, Sellerie, Thunfisch, Pesto, Salz und schwarzen Pfeffer vermischen.
b) Die Zutaten miteinander vermischen. Das ist es!

100. Ziti-Thunfischsalat

ZUTATEN:
- 3/4 Pfund Ziti oder andere Nudeln
- 1 Dose Thunfisch, abgetropft und püriert
- Grüne und schwarze Oliven nach Geschmack
- 1 rote Paprika, gehackt
- 4 EL Olivenöl
- 1 EL weißer Essig
- 2 hartgekochte Eier, geviertelt
- 1 große Tomate, in Scheiben geschnitten

ANWEISUNGEN:
a) Nudeln kochen, abgießen und abkühlen lassen.
b) Thunfisch, Oliven und rote Paprika mischen.
c) Die Nudeln untermischen und Öl und Essig hinzufügen.
d) Mit den Eiern und der Tomate auf einer Platte anrichten.

ABSCHLUSS

Zum Abschluss unserer geschmackvollen Reise durch „Die ultimativen Thunfischsalate" hoffen wir, dass Sie die Freude erlebt haben, ein einfaches Gericht in ein kulinarisches Meisterwerk zu verwandeln. Jedes Rezept auf diesen Seiten ist eine Hommage an die Vielseitigkeit, Kreativität und Köstlichkeit, die mit hochwertigem Thunfisch und einem Hauch kulinarischer Fantasie erreicht werden können.

Ganz gleich, ob Sie die mediterran inspirierten Kreationen genossen, sich den Aromen des Fernen Ostens hingegeben oder die herzhaften und proteinreichen Variationen genossen haben, wir vertrauen darauf, dass diese 100 Rezepte Ihnen die Augen für die Welt der Möglichkeiten im Bereich des Thunfischsalats geöffnet haben . Möge das Konzept hochwertiger Thunfischsalate über die Zutaten und Techniken hinaus eine Inspirationsquelle sein und Ihre Küche zu einem Zentrum für einfallsreiche und köstliche Kreationen machen.

Möge „DIE ULTIMATIVEN THUNFISCH SALATE" Ihr vertrauenswürdiger Begleiter sein, während Sie die vielfältige Welt des Thunfischsalats weiter erkunden und Sie durch eine Vielzahl außergewöhnlicher Optionen führen, die Spannung und Geschmack auf Ihren Tisch bringen. Definieren Sie die Kunst des Thunfischsalats neu und genießen Sie 100 außergewöhnliche Kreationen, die Ihren Geschmack und Ihre kulinarischen Erlebnisse bereichern!

www.ingramcontent.com/pod-product-compliance
Lightning Source LLC
Chambersburg PA
CBHW071829110526
44591CB00011B/1272